21世纪技能创新型人才培养系列教材
新 媒 体 系 列

新媒体文案写作与编辑

（第三版）

主 编 ◎ 陈倩倩

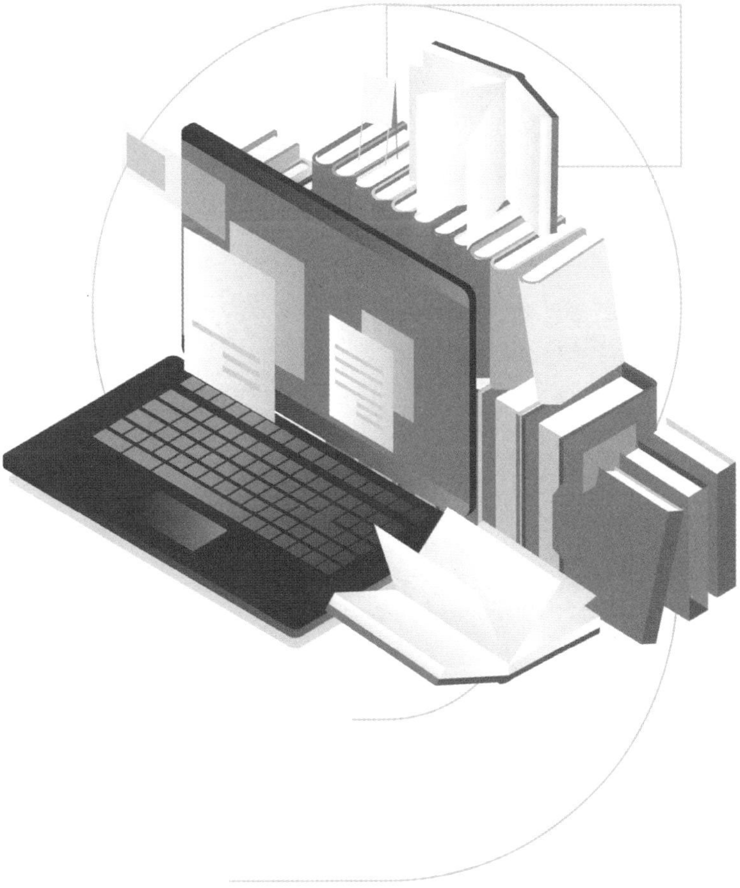

中国人民大学出版社
· 北京 ·

第三版前言

党的二十大报告提出，要推进文化自信自强，铸就社会主义文化新辉煌。新媒体是传承中华优秀文化、提高社会文明程度、增强文化自信的重要媒介，广受各行各业青睐。文职人员需要掌握新媒体写作与编辑技能，以打造企业 IP 形象、讲好企业故事。具体工作内容主要包括企业微信公众号的写作与编辑、H5 制作、短视频脚本写作和基础性剪辑。由此，编写和修订适合文职岗位，满足新媒体写作与编辑技能学习要求的教材，顺理成章提上日程。

本教材依托的课程是广东省高水平专业群的专业核心课，也是广东省示范课程。教材编写内容对接企业文职岗位新媒体写作与编辑技能的新标准和新要求，满足“1+X”职业技能等级证书（自媒体运营）中“文案策划与创作”的学习要求；教材编写理念源于近 7 年新媒体写作与编辑课堂教学、课程教改、技能竞赛与企业实践经验的持续创新，顺应相关专业学生创意写作的学习规律。

编者以成果导向和建构主义为教学理论支撑，以创意写作和新闻传播为学科理论支撑，完成本教材的编写与修订工作。本教材设置“新媒体编辑职业认知”“新媒体写作技能实操”“新媒体编辑技能实操”共 3 个模块，包括“认识新媒体编辑职业”“新媒体文案写作思维”“新媒体文案写作内容”“新媒体文案写作技巧”“AI 赋能新媒体写作”“撰写与编辑微信推文”“撰写与编辑在线 H5 文案”“撰写企业官方微博”“创作短视频文案”共 9 个项目。根据学生的学习规律，每个项目都设置了项目综述、学习目标、综合训练等栏目，每个任务都设置了情境导入、课前思考、课堂讨论与课后练习等栏目，助力学生在课前明确学习目的，在课中启发创意思维、强化写作实战，在课后查漏补缺、优化提升。教材中来自《人民日报》订阅号的大批优秀案例，能够为学生提供写作模板，启发他们的创意思维；同时，拓宽学生认识世界的维度，丰富他们的生命体验，达到价值塑造、知识传授与能力培养的紧密融合。

与同类教材相比，本教材具有如下特色：

（1）精准对接文职岗位新媒体写作技能新标准、新要求。以企业文职岗位新媒体写作与编辑的技能要求以及职业素养提升为依据，提炼典型工作任务，归纳完成典型工作任务所需要的知识、技能与素养，并持续更新完善。

（2）全程强化新媒体文案写作思维训练。思维是写作的本质，技巧是思维的呈现方式。所以，思维训练要贯穿写作全程。本教材写作思维训练有两条线索：一是将写作思维训练融入课前思考、课堂讨论与课后练习中；二是将写作思维训练融入内容策划与写作实操环节。同时，突出强调新媒体写作编辑的实战练习。因为，学生要在具体场景中内化知识，从而建构新技能。

（3）全面开放配套的立体化教学资源。在教材中插入教学重难点微课、企业写作实践难题解决微课，辅助突破教学重难点，满足企业文职岗位新媒体写作与编辑技能要求；同时本教材配套的“新媒体写作与编辑”课程已于“学银在线”平台上线。学生和教师可以随时加入线上课程，畅享系统、丰富的线上资源，并与编者进行持续的教学互动。本教材线上资源搜索方式：进入学银在线官网—搜索关键词“新媒体写作与编辑”找到教材主编主持的课程—点击首页“加入课程”即可进行学习。

（4）有机融入AI前沿技术。本教材零距离对接写作行业技术革新前沿，有机整合AI写作工具，旨在将AI赋能写作的最新教学成果与科研进展深度融入教材编纂体系，以全面提升新媒体写作教育的智能化水平。特此设立“AI赋能新媒体写作”专题项目，细分为“训练AI对话通用提示词”与“开展AI对话持续引导”两大核心任务，依托过程写作教学法，通过预设课前思考、课中案例剖析及课后实践练习等环节，全方位、多过程促进AI技术与新媒体写作教学的深度融合，确保教材内容的前沿性与实用性。

本教材在写作过程中得到很多企业、行业专家以及学者的帮助。深圳市新风向科技有限公司的罗云经理、珠海免税集团的雪俊芳主任、珠海金湾融媒体中心的吴立平编辑、研究创意写作的石耿立教授（作家）以及主讲“新媒体写作与编辑”课程的同行们都大力支持本教材的写作，帮助解决了教材写作中遇到的诸多疑难问题。来自企业、从事新媒体文案写作的雪俊芳主任、吴立平编辑为本书的实用性把关，并提供了较多新媒体文案写作实用素材；来自创意写作研究领域的石耿立教授、王光华教授为本书的理论把关，指导完成章节理论知识的建构与更新。在此，谨对提供帮助的上述人员表示衷心的感谢。

编　者

目　录

模块一　新媒体编辑职业认知

项目一　认识新媒体编辑职业 …… 003

任务一　辨识新媒体概念 …… 003
任务二　了解新媒体编辑工作职责 …… 006
任务三　掌握新媒体编辑从业规范 …… 012

模块二　新媒体写作技能实操

项目二　新媒体文案写作思维 …… 021

任务一　解读互联网思维 …… 021
任务二　拆解新媒体文案写作思维 …… 032

项目三　新媒体文案写作内容 …… 045

任务一　明确新媒体文案写作步骤 …… 045
任务二　掌握新媒体文案创意思考方法 …… 058
任务三　掌握新媒体文案创意内容输出方法 …… 061

项目四　新媒体文案写作技巧 …… 068

任务一　提炼新媒体文案标题写作技巧 …… 068
任务二　提炼新媒体文案正文写作技巧 …… 074

项目五　AI 赋能新媒体写作 …… 090

任务一　训练 AI 对话通用提示词 …… 090
任务二　开展 AI 对话持续引导 …… 096

模块三　新媒体编辑技能实操

项目六　撰写与编辑微信推文…… 107

任务一　认知微信公众平台功能 …… 107
任务二　注册微信订阅号 …… 112
任务三　撰写微信推文 …… 115
任务四　编辑微信推文 …… 126

项目七　撰写与编辑在线 H5 文案 …… 135

任务一　认知在线 H5 功能 …… 135
任务二　撰写与编辑在线 H5 邀请函（易企秀平台）…… 141
任务三　撰写与编辑在线 H5 招聘启事（兔展平台）…… 154

项目八　撰写企业官方微博…… 165

任务一　认知企业官方微博功能 …… 165
任务二　撰写企业官方微博思路 …… 169
任务三　撰写企业官方微博技巧 …… 173

项目九　创作短视频文案…… 178

任务一　认识短视频 …… 178
任务二　提炼短视频脚本创作策略 …… 180
任务三　提炼短视频脚本写作技巧 …… 184

参考文献…… 191

模块一　新媒体编辑职业认知

项目一

认识新媒体编辑职业

项目综述

在新时代，人人都可以借助新媒体平台发布、转发和评论信息，打造有效的组织和个人形象，新媒体写作与编辑也逐渐成为人们要掌握的一项通用技能。要想在新媒体平台做出爆款、打造良好的IP形象，首先要明确如下问题：新媒体平台的界定标准与文章特征、新媒体文案的写作核心与编辑要求。本项目主要介绍新媒体的内涵与外延、新媒体文案的写作核心、新媒体编辑的工作内容、新媒体编辑的素养要求与从业规范等，以期完成新媒体编辑职业认知。

学习目标

知识目标

1. 掌握新媒体的概念和特征。
2. 熟记新媒体文案的写作核心。
3. 列举新媒体编辑的工作内容与素养要求。

能力目标

1. 能够根据新媒体特点，快速辨识出新媒体。
2. 能够分析新媒体文案，提炼其写作优缺点。

素养目标

1. 遵守新媒体编辑从业规范，正确看待与善用流量。
2. 培养内容为王的从业意识，科学认识新媒体编辑职业。

任务一　辨识新媒体概念

情境导入

王诚是某高校的大二学生。他计划毕业后找一份能够发挥个人特长、契合专业兴趣的工作。行政专员、销售文员、秘书、人力专员、活动策划与执行、新媒体编辑、新媒体运营……面对如此多的岗位，王诚很迷茫：“我有什么优势”“我能做什么”“我不喜欢什么”，这些问题一直萦绕在他的脑中。后来，在职业规划老师的建议下，王诚提炼出这些岗位通用的一项新技能——新媒体写作与编辑。他想掌握这门新技能的同时，深入思考自己的就业方向。对于没有系统学习过新媒体文案写作与编辑的王诚来讲，他首先要明确新媒体的内涵与外延。

课前思考

表 1-1 中的媒体形式，哪些属于新媒体？请在表格中对应选项后画“√”，并说明原因。

表 1-1　媒体形式

序号	媒体形式	属于新媒体（画“√”）	说明原因
1	纸质版报纸		
2	校园广播		
3	企业官方网站		
4	《人民日报》微信订阅号		
5	中国建设银行服务号		
6	抖音		
7	学习强国 App		
8	163 电子邮箱		
9	淘宝		

一、新媒体的概念

有关新媒体的概念，至今未形成定论。可以概括为以下几类观点：

（1）技术论：凡是基于数字技术在传媒领域运用而产生的媒体形态即为新媒体。

（2）互联论：新媒体是在互联基础上实现多对多或点对点传播，具有与用户互动等交互功能的媒体形式。

（3）相对论：新媒体是相对于传统媒体而言的概念，指利用数字技术、网络技术、移动通信技术等新兴技术手段，通过互联网、无线通信网、卫星等渠道，以及电脑、手机、数字电视机等终端，向用户提供信息和服务的传播形态。

第三种观点目前被大多数人认可，也是本教材认可的观点。

课堂讨论

报纸、杂志、广播、电视被称为四大传统媒体。请同学们讨论《人民日报》与《人民日报》订阅号的区别有哪些，大家可以从内容的呈现与更新方式、作者与读者的互动现状、文章的写作思路等方面来讨论。

二、新媒体的特征

与传统媒体相比，新媒体具有信息传播的即时性、传受双方的交互性、信息推送的个性化、信息呈现方式的超文本性等特征。

（一）信息传播的即时性

新媒体信息传播的速度非常快，表现出明显的即时性特征。和广播、电视等传统媒体相比，新媒体的资讯和新闻可以随时发布、即时传输，网民可在第一时间知道发生的事件，不受制作周期、截稿时间等客观因素的制约。

（二）传受双方的交互性

在新媒体环境下，信息的传输是双向的，甚至是多向的。每个用户都具有信息交流的控制权，公众可以选择接收信息，也可以选择关闭客户端或屏蔽信息来源，不再接收信息。同时，新媒体技术也从根本上改变了用户的受众角色。公众既可以是信息的接收者，也可以是信息的发送者；既可以是信息的制作者，也可以是信息的传播者。任何人都可以是信息的来源，也可以随时对信息进行反馈、评论和补充，最大限度地发挥了广大人民群众的参与性和主动性，真正实现双向互动的信息交流。

（三）信息推送的个性化

通过智能算法，新媒体能够为不同受众画像。根据不同受众的喜好，推送不同类型的信息。这已经成为新媒体平台信息发送的显著特征。

（四）信息呈现方式的超文本性

新媒体采用超链接技术，将各种不同空间的文字信息组织在一起，实现资源共享，读者可以非常便捷地获取各种需要的信息和文本资料。比如对文本中的专业词语设置超链接，读者点开链接后可以看到具体介绍；通过文本后的“相关新闻”超链接来介绍新闻背景，方便读者扩展阅读。

课后练习

1. 请思考新媒体的本质特点，并进行分析。
2. 请分析下列哪些是新媒体，并说明原因。

（1）新闻联播。

（2）微信公众号。

（3）微信视频号。

任务二　了解新媒体编辑工作职责

情境导入

明确了新媒体的内涵与外延，王诚准备系统了解一下新媒体编辑的工作内容与技能要求。于是，他到招聘网站去查询。输入关键词“新媒体”，新媒体编辑、新媒体运营、新媒体文案……岗位名称满天飞，并且工作内容重叠性强、工作要求专业度高，王诚陷入一片混沌中。从常用、通用技能来考虑，新媒体编辑具体要做什么工作、必备哪些技能呢？

课前思考

下面哪些工作内容可以归为新媒体编辑？为什么？

（1）写公文；

（2）运营企业微信订阅号；

（3）写通讯稿，发布到企业官方网站；

（4）跟踪新媒体后台数据，及时优化选题；

（5）拍摄小视频，并进行剪辑，发布到企业官方的新媒体平台；

（6）做微信推文的选题策划；

（7）写企业的年终总结；

（8）制作短视频，发布到企业微信号；

（9）运营企业微博；

（10）制作企业领导人的台签。

一、新媒体编辑岗位

（一）新媒体编辑的内涵

新媒体编辑是指面向特定人群进行文字内容输出和创意的文职人员。详细来说，就是在新媒体平台上，能够通过发布信息、互动分享等活动，聚集一批人员加入，并逐渐形成一个群体，这个新媒体平台的执笔人，我们称为新媒体编辑。新媒体编辑的核心工作是通过发布信息、互动分享等活动，实现同一个精神群体中人与人之间的连接和互动。如果只负责在新媒体平台上写稿件，不关注受众群体，更不与受众进行互动，这样的人不是新媒体编辑，只能称作“码字员”。也就是说，在移动互联网平台上持续输出受众所需信息并与受众进行良性互动，从事上述工作的人都可称为新媒体编辑。

新媒体编辑的工作核心是，在新媒体平台上精准定位用户，创意化设计与呈现传播信息，使其符合受众需求，更容易被受众认可、记住，甚至被再次传播，达到在大范围内塑造品牌形象或者拓宽产品销售渠道的目的。

（二）新媒体编辑的工作职责

通过拉勾网招聘平台，我们总结出新媒体编辑的主要工作职责：

（1）内容策划。具备选题策划、脚本撰写能力，有洞察力，善于捕捉当下同行动态及热点话题，结合公司特性，进行创意策划，制作并发布优质、有传播性的原创内容。

（2）文章撰写。负责互联网平台和新媒体渠道宣传和推广内容的输出。

（3）渠道运营。负责微信、小红书、知乎、抖音平台的日常运营，包括内容规划、内容撰写、粉丝互动等。

（4）数据检测。监测跟踪新媒体推广效果，进行数据分析、效果评估改进。

（5）信息整理。整理行业信息、竞品信息，用于新媒体写作实践。

二、新媒体运营岗位

在提炼新媒体编辑岗位工作职责时，我们发现与之密切相关的另一个职位——新媒体运营。在分工细致的大型企业、新闻单位，新媒体编辑与新媒体运营两个岗位各司其职、互相配合，有各自的工作侧重点。

通过拉勾网招聘平台，我们总结出新媒体运营的主要工作职责：

（1）熟悉新媒体平台调性。熟悉热门内容社区及平台，了解不同内容社区的用户属性、内容特征、营销方式、内容生态，负责主流平台新媒体账号运营。

（2）完成项目策划与落地执行。根据项目目标、账号定位，分析目标用户对内容的需求，制定内容运营整体策略、方案并跟进内容的落地执行，撬动高品质创意内容的产出（视频、平面、文案等）。

（3）分析新媒体后台数据。对内容的产出与分发效果、社区平台数据进行精准把控与分析，给出改进策略，提升运营效率，并与合作团队进行高效顺畅的沟通。

（4）优化新媒体运营项目。通过用户调研、内容打磨、推广效果跟踪和数据分析，持续优化各个新媒体平台的内容生产和运营策略，提升粉丝量、曝光等指标。

三、新媒体编辑与新媒体运营岗位的区别

新媒体编辑与新媒体运营两个岗位同属一个系统，需要互相配合才能做好文案创作与传播工作。这两个岗位的工作有相通和重叠的部分，但各有侧重。

新媒体编辑主要是根据新媒体运营的整体要求对内容（文案、图片、视频等）进行编辑。其中，文案部分由新媒体编辑来完成，图片和视频部分需要与美工、视频剪辑师等共同协作来完成。

概括来说，新媒体运营人员更多的是对方向的把控，为新媒体用户的获取、转化和企业的盈利等提供思路和方法；新媒体编辑则主要负责文字内容的创作、筛选和发布，调整优化内容。

四、中小型非新闻单位新媒体编辑（运营）的工作流程

在中小型非新闻单位，新媒体编辑与新媒体运营两个岗位的工作内容集中到一个岗位中，或称为“新媒体编辑”，或称为“新媒体运营”。工作流程主要分为内容生成和内容运营两个阶段。

（一）内容生成阶段

（1）选题策划：根据平台调性和受众诉求，结合社会热点，确定选题、固定栏目和稳定预期。

（2）收集素材：随时收藏知乎、微博等线上平台信息，同时通过采访、现场观察、约稿等方式收集素材。

（3）成文定稿：首先，明确写作切入点和写作思路，开始写作，并选择对应的新媒体平台进行排版与编辑。其次，自查字、词、句、标点符号以及整体排版的美观性和条理性。最后，发给主管领导审核。

（4）按时发布：根据发布习惯，设置发布时间，定时发布。

（二）内容运营阶段

（1）用户调研：写作前，要了解用户的痛点、痒点和兴奋点。掌握与追踪社会热点，并做出快速反应，从而确定选题；发表后，要精选用户留言，运用互动策略，及时与用户良性互动，维护用户关系。

（2）文案推广：在不同平台联动推送，包括朋友圈、用户群以及不同的自媒体平台。

（3）数据复盘：分析后台数据，包括阅读量、收藏量、增长量、转化率和留存率。在此基础上，评估工作效果，优化下一步工作。

（4）历史文章追踪：定期查看重点文章，了解数据运行情况。

（5）用户反馈整理：将用户评论截图，多加用户好友。

课堂讨论

请结合关于“如何运营微信订阅号”的某一篇文章，分析其内容生成与运营阶段的具体工作。

五、新媒体编辑的职业素养

新媒体编辑人员做好内容编辑的前提是成功的文案策划和新媒体运营。在整个文案写作过程中，要与技术、运营、写作对象等不同类型的人沟通，快速写出符合要求的新媒体推文。由此，新媒体编辑人员要具备良好的沟通能力、团队协作能力以及较强的责任意识等职场通用素养。除此之外，一名合格的新媒体编辑人员还要具备以下素养。

（一）具备用户思维

用户思维是互联网思维的本质，也是新媒体编辑必须具备的核心素养。新媒体编辑人员要以用户为中心，进行深度的换位思考，写出对用户有用、激发用户兴趣、引起用户共鸣的文章。

（二）具备创新思维

新媒体编辑要时刻保持新闻敏感性、怀有好奇心，跳出常规思路做策划，写出选题角度新颖、契合平台调性、达到宣传目标的文章。这就需要新媒体编辑人员做好如下两方面的训练：

（1）知识层面：围绕自己所运营领域专业知识进行深耕的同时，关注相关领域，做知识的“杂家”，打通古今中外，为所运营领域的创意激发做铺垫。

（2）思维层面：通过联想、想象等方法，有意识地进行发散思维训练，为所运营领域的创意呈现找方法。

（三）具备文字功底

新媒体编辑撰写的文案首先要保证让用户看得懂、读得进。这就要求在语言表达、遣词造句方面有一定的功底。一方面，规范运用语言文字精准表达文章思想；另一方面，精准定位受众，选择与之相配的语言风格，进行规范化写作。

新媒体编辑要多看、多写、多改、多思考。通过多看优秀、热门的文案作品，分析其成功之处并模仿运用，通过不断写作与修改，提升文案写作水平。

（四）具备行业背景

传播品牌形象、提升产品销量是新媒体编辑写作的两个主要目的。新媒体编辑人员除了具备新媒体专业相关技能外，还要熟悉所运营领域的行业背景与行业知识。只有这样，才能写出懂行的文章。比如，服装行业的新媒体编辑人员要了解衣着时尚前沿、掌握服装专业知识；高职教育领域的新媒体编辑人员要了解高职政策、高职学情、教情、发展瓶颈以及发展趋势等。

（五）具备设计、审美与视图编辑能力

新媒体文案在线编辑工具很多。在诸多的在线编辑工具中，如何选择适合自己文案风格的模板、图片与视频，需要新媒体编辑人员具有一定的设计、审美与视图编辑能力。

新媒体编辑可以通过观摩大量的优秀作品，总结美感规律并合理运用，通过对优秀新媒体文案的色彩搭配、整体布局等的用心观察，提升自己的审美能力。

（六）具备持续学习热情

做好新媒体编辑工作需要一定的专业知识做支撑，如广告、传播、策划、心理、图片与视频编辑、摄影摄像等；另外，还要紧跟时代潮流，不断学习与运用新媒体平台衍生出的一系列新知识与新技能。这就需要新媒体编辑人员有较好的学习习惯、学习方法及强烈的学习热情，持续学习、更新和消化新媒体行业的新知识与新技能，为己所用。

课堂讨论

请分享自己最喜欢的一个微信订阅号给全班同学，并说明自己持续关注这个订阅号的原因。在此基础上，请大家站在受众的角度，讨论新媒体文案的写作核心。

六、新媒体文案的写作核心

（一）新媒体文案的内涵

新媒体文案有两层含义：一是新媒体编辑的别称；二是新媒体平台上内容的呈现形

式，即新媒体平台上，一切与文字写作、策划、编辑有关，并且向特定人群发布、反馈的信息都称为新媒体文案。常用的分类方法如下：

按照企业广告的不同目的，新媒体文案可以划分为销售文案和品牌文案。销售文案着眼于提高企业产品销量，如企业推出的打折优惠活动。品牌文案着眼于提高品牌知名度和美誉度，如企业年会活动的宣传文案。

按照广告植入方式，分为硬文案和软文案（软文）。用直白的内容，发布在新媒体平台的文案称为硬文案；不直接介绍产品，而通过其他方式润物细无声、如盐入水般植入的文案，称为软文案。企业在提升品牌曝光度、美誉度的时候，经常用软文案。

（二）新媒体文案的核心

1. 营造群体成员的精神归属感

即，结合所运营平台的定位，输出对用户有用、激发用户兴趣、引起用户共鸣的文章。某著名媒体人在《看见》书友会现场说了如下一段话："已届成年的时候，你会发现人需要归属，人生存于这个社会需要归属。这种归属从哪里来？不再是过去的宗族、血亲和单位，不再是过去那些使人固定其中，使人僵化在里面，像水泥一样动弹不得的领地。真正的归属是我们相互之间的创造和愈合。当我们志趣相投、目光相会的时候，我们就创造出了属于我们的世界。"

这一方面是说读书人之间内心的彼此契合、互相懂得，另一方面也印证了新媒体人需要打动的是用户的内心。因为在新媒体时代，人与人之间的关系不再是简单的传播者与受众的关系，而是内容生产者与订阅者的关系。

如果新媒体编辑发布的文案对受众有用或者与受众价值观相同，就会被受众关注、点赞、转发，甚至打赏。相反，如果新媒体编辑发布的文案呈现的价值观与受众不一致，将会面临被取消关注的尴尬局面。通过新媒体平台充分展示人格魅力，为受众创造持续价值和精神层面的认同感，是新媒体编辑的使命追求。

2. 维护价值交换的生态体系

即，与用户形成持续的良性互动关系。人格化是新媒体的通行证，创造用户价值是新媒体编辑的"格言"。新媒体编辑通过为受众创造持续价值，吸引更多人加入自己的精神部落。除此之外，新媒体编辑还要维护好通过社群、产品、会员、付费交换等方式构造的价值交换的生态体系。运营、维系所建立的新媒体精神部落群体的日常交流，是新媒体编辑的重要职责。

课后练习

1. 如果你要从事新媒体编辑工作，需从哪些方面做努力？请结合 SWOT 理论分析。

2. 以下是采访新媒体编辑的素材，请阅读并提炼出新媒体编辑的工作能力与工作素养要求。

访谈 1

2019年进入融媒体中心新媒体部工作，是一名新媒体推送编辑。虽然刚刚参加工作，但我进入工作角色还是挺快的，短时间内就掌握了新媒体编辑推送、图文制作、短视频制作等各种工作技能，并且很好地完成了全会、“两会”等大型活动的报道。初入职场，我交上了一份满意的答卷。

新媒体编辑工作琐碎、繁杂、耗时，特别考验人的耐性，一条1分多钟的新闻报道往往需要经过上传、转码、预览、多次查对、审核才能推送到受众的眼前，如果“运气不好”遇到电脑网络延迟、卡顿等情况，一条新闻就要等上个把小时，所以，工作到深夜是常事。

2020年新春伊始，疫情来势汹汹，令人猝不及防。原定在除夕推送的新闻临时决定需要改动，具体需要推送的内容等待通知，要在收到稿件后以最快速度推送出去。时间紧，任务重，不巧的是我因为嗓子发炎还在家里打点滴。为了不耽误工作，我就打着点滴在电脑旁等候消息，我左手插着针头，用右手敲键盘，最后在规定时间内成功地将新闻推送出去，看着电脑上显示的“发送成功”，我不禁松了一口气。近两个月的超负荷工作和坚守，虽然疲惫不堪，但我觉得值得，因为我收获了历练和成长！

访谈 2

刚接触这个岗位，有很多东西都是陌生的，但看似不温不火的我，却有股犟劲儿，暗下决心，一定尽快进入工作角色，把工作担起来。每天八点我会准时坐到电脑旁，开始一天的工作。怕遗漏重要的信息，所以我会用笔记本一一将内容记下。一篇看似简单的推文需要不断修改、审核，最后推送。成长的艰辛困苦自知。电脑遇到卡顿情况，我就手工记录每日的数据，每次忙完已是深夜。

幸运的是，刚参加工作，我就遇到了几次大型活动报道，领导信任，从来没做过直播的我，支起直播架，直播全会、两会，当时的紧张程度可想而知，几个小时下来，手心全是汗，但不得不承认，这样的拉练绝对是一次飞跃式的成长。接下来的工作就越来越有感觉，与搭档小于共同完成了全会报告、两会报告的图解。疫情期间，我们负责将疫情的最新信息，以最快的速度传达给市民，这段时间公众号的推送次数从一天一次，增加到一天五次，海量推送、超负荷工作超出了我的想象，但是，我扛下来了！两个月的坚守让我深深体会到媒体人的工作特殊性和责任担当，虽然辛苦，但却深感自豪！

访谈 3

初入职场，一张白纸，紧迫感很强，就怕跟不上团队的步伐，拖大家后腿，所以抓紧一切机会听、看、记，向前辈学，向同伴学。没想到的是，正当我全速前进的时候，一场大考突然而至，新冠疫情来势汹汹，对于刚参加工作的我来说绝对是考验。

没有退路，迎难而上。虽然我没有过硬的业务水平，但我有一股持之以恒、认真负责的劲头，我将这次考验当成一次难得的提升机会，让自己在困难和重压中迅速成长。

两个月的时间，我的神经始终是紧绷的，手机不离手，时刻保证第一时间接收领导信息、第一时间制作、第一时间推送。记得那段时间，经常是正在吃饭时来任务了，我撂下碗筷直冲向电脑，等编辑结束后再回到饭桌前，饭菜早已凉透了。为了让大家更早看见前一天的新闻，经常是晚上出封闭的小区，到单位把新闻上传到平台，一传就是两三个小时，只是为了第二天可以更早一点按时发送出去，工作到深夜是常事！

3. 写作题。

任务描述：你所在学院运营了一个微信订阅号——文传印象。该订阅号主要由学生社团运营，需要一名老师负责指导，同时完成学院宣传类的其他工作。

任务要求：请结合你所在学院实际，撰写一则招聘启事，寻求微信订阅号指导教师。

任务三　掌握新媒体编辑从业规范

情境导入

王诚对新媒体编辑这一职业有了基本认知。他自己申请了一个微信订阅号，着手写文章，寻找写作感觉。在写作过程中，他犯了难。因为他不清楚新媒体平台的发文规范。同时，他也陆续得知某些新媒体平台被封号的消息。这样，他发文章就更胆战心惊了。

课前思考

1. 请根据现有知识和阅历，思考什么样的信息不能在新媒体平台上发布。
2. 请根据现有知识和阅历，思考什么样的信息提倡在新媒体平台上发布。

要了解新媒体平台的发文规范，就必须认真学习《网络信息内容生态治理规定》（以下简称《规定》）。该《规定》由国家互联网信息办公室室务会议审议通过，于2019年12月15日公布，2020年3月1日起施行。

一、鼓励发布的信息

根据《规定》第五条，鼓励网络信息内容生产者制作、复制、发布含有下列内容的信息：

（1）宣传习近平新时代中国特色社会主义思想，全面准确生动解读中国特色社会主义道路、理论、制度、文化的；

（2）宣传党的理论路线方针政策和中央重大决策部署的；

（3）展示经济社会发展亮点，反映人民群众伟大奋斗和火热生活的；

（4）弘扬社会主义核心价值观，宣传优秀道德文化和时代精神，充分展现中华民族昂扬向上精神风貌的；

（5）有效回应社会关切，解疑释惑，析事明理，有助于引导群众形成共识的；

（6）有助于提高中华文化国际影响力，向世界展现真实立体全面的中国的；

（7）其他讲品位讲格调讲责任、讴歌真善美、促进团结稳定等的内容。

二、不得发布的信息

根据《规定》第六条，网络信息内容生产者不得制作、复制、发布含有下列内容的违法信息：

（1）反对宪法所确定的基本原则的；

（2）危害国家安全，泄露国家秘密，颠覆国家政权，破坏国家统一的；

（3）损害国家荣誉和利益的；

（4）歪曲、丑化、亵渎、否定英雄烈士事迹和精神，以侮辱、诽谤或者其他方式侵害英雄烈士的姓名、肖像、名誉、荣誉的；

（5）宣扬恐怖主义、极端主义或者煽动实施恐怖活动、极端主义活动的；

（6）煽动民族仇恨、民族歧视，破坏民族团结的；

（7）破坏国家宗教政策，宣扬邪教和封建迷信的；

（8）散布谣言，扰乱经济秩序和社会秩序的；

（9）散布淫秽、色情、赌博、暴力、凶杀、恐怖或者教唆犯罪的；

（10）侮辱或者诽谤他人，侵害他人名誉、隐私和其他合法权益的；

（11）法律、行政法规禁止的其他内容。

课堂讨论

在新媒体编辑工作中，如何平衡内容吸引力与创作合规性？

三、防范和抵制的信息

根据《规定》第七条，网络信息内容生产者应当采取措施，防范和抵制制作、复制、发布含有下列内容的不良信息：

（1）使用夸张标题，内容与标题严重不符的；

（2）炒作绯闻、丑闻、劣迹等的；

（3）不当评述自然灾害、重大事故等灾难的；

（4）带有性暗示、性挑逗等易使人产生性联想的；

（5）展现血腥、惊悚、残忍等致人身心不适的；

（6）煽动人群歧视、地域歧视等的；

（7）宣扬低俗、庸俗、媚俗内容的；

（8）可能引发未成年人模仿不安全行为和违反社会公德行为、诱导未成年人不良嗜好等的；

（9）其他对网络生态造成不良影响的内容。

课后练习

1. 请阅读微信推文《这块巴掌大小的布料，让人红了眼眶》，分析它的选题和写作内容体现了《网络信息内容生态治理规定》的哪些条款。

这块巴掌大小的布料，让人红了眼眶

《人民日报》，2021-10-12 10:43 发表于北京

69 年前的今天
在抗美援朝的战场上
一名年仅 26 岁的年轻战士
任凭烈火焚身，始终未动
直至壮烈牺牲
他就是邱少云

那是一场隐秘的战斗
1952 年 10 月，邱少云所在部队
担负攻击金化以西 391 高地的任务
为缩短冲锋距离
部队决定提前潜伏

10 月 11 日晚
邱少云和 500 多名战友
潜伏在高地下的草丛中
第二天中午，敌人发射燃烧弹
刚好一枚落在邱少云身边
草丛瞬间被引燃
锁德成是当时距离邱少云最近的战友
几十年过去，老人仍清楚记得
当时阵地上的惨状
“轰的一下子，给我炸了一脸
邱少云头上
一下子蹿起了好大的火”

火焰愈加旺盛
邱少云的头发被烧着了、身体也烧着了
但为了不暴露潜伏目标
他仍旧一动不动地趴着这个画面

让在不远处的郭安民泪流满面
“邱少云身上的火在燃烧
只看到他两个手往泥土里插
在那个位置没有动一下
我已经泪流满面了，不敢哭出来”

烈火燃烧了 30 多分钟
年仅 26 岁的邱少云壮烈牺牲
战斗结束后
战友们在一片烧光的坡地上
找到了邱少云的遗体
只见被烧焦的身体蜷缩着
衣服几乎被烧光
只留下一块巴掌大的残片
冲锋枪被他死死压在身下
全身唯一没被烧焦的
是那双插进泥土里的手

抗美援朝老兵郑时文的
哥哥郑时聪
是邱少云的战友
目睹了邱少云被烧焦的遗体
如今，说起这段故事
已经 88 岁的郑时文眼含泪花

1926 年，邱少云出生在
四川铜梁一个贫苦家庭，父母早亡
留下四个兄弟艰难度日

1949 年，邱少云参军
抗美援朝战争爆发后
邱少云奔赴朝鲜战场途中
他给家人写下了信
这也是他唯一一封家书

“到战场我一定拼命打仗、不怕死
为了让所有的受苦人
都能过上好日子
我死了又算个啥子么”

参加潜伏任务前
邱少云向党支部递交入党申请书
“宁愿自己牺牲，决不暴露目标
为了整体，为了胜利
为了中朝人民和全人类的解放事业
愿献出自己的一切”
这位战士也的确像自己写的那样
用最坚忍的潜伏
完成了中国士兵最勇猛的突击

后来，邱少云所在部队离开朝鲜时
战友们在他曾战斗过的地方刻下
“为整体胜利而自我牺牲的
伟大战士邱少云同志永垂不朽”

今天
我们缅怀邱少云
我们致敬英勇的中国人民志愿军
为保卫和平、反抗侵略
19 万 7 千多名同邱少云一样的英雄儿女舍生忘死、浴血奋战
为了祖国、为了人民、为了和平献出宝贵生命
祖国不会忘记，我们不会忘记！

2. 请阅读微信推文《“胡某宇事件”，网信办出手！》，用《网络信息内容生态治理规定》相关条款分析网信办为什么要“出手”。

“胡某宇事件”，网信办出手！

《人民日报》，2023-02-12 13:11 发表于北京

近期，“江西学生胡某宇事件”持续引发网民关注，网上相关谣言不断发酵，严重误导公众判断，造成恶劣社会影响。对此，网信部门督促网站平台认真履行信息内容管理主体责任，严厉打击网上借机造谣传谣以及恶意营销炒作行为。抖音、腾讯、微博、快手、百度、哔哩哔哩、小红书等重点网站平台深入开展排查整治，累计处置违法违规账号 1 894 个，坚决遏制无底线造谣炒作的势头，切实维护良好网络生态。现将部分典型案例通报如下：

1. 编造离奇失踪原因。事件发生以来，一些网络账号无端猜测胡某宇失踪原因，肆意编造网络谣言，引发群众恐慌，挑唆对立情绪。有些故意捏造胡某宇为特殊血型，如百度账号“daring18425”称“学校方面购入了大量的手术器材，小胡同学因为拥有熊猫血被拿去做研究了”。有些通过细节描述编造胡某宇被害的谣

言，具有很强的迷惑性和煽动性，如微博账号“7812608894”发布“胡某宇肯定是被人骗到山上，然后杀人犯趁其不注意从背后用绳索套住脖子活活勒死，再挂在树上伪装成自杀”的帖文。有些恶意猜测胡某宇器官被移植买卖，如抖音账号“hjd1475”发布“医生发声暗示胡某宇被转移做器官移植”的音频。此外，快手“中国高级鉴定师”、微信“小黄聊娱乐”、微博“开心芒果肉”等账号还炮制了所谓“该学校已有多名学生失踪”“胡某宇已被化学老师用药水化掉”的谣言，造成恶劣社会影响。

2. 杜撰事件调查进展情况。在公安机关搜寻过程中，一些网络账号利用公众对事件进展高度关注的心理，通过捏造所谓“胡某宇事件最新消息”，吸引眼球、带偏节奏，误导认知判断。其中比较典型的是，微信公众号“百草遇春风”发布“胡某宇最新消息，汽车被埋，后山发现实验室地下通道”。抖音账号“李作鹏自媒体”发布“国内顶级神探李昌钰已介入胡某宇案件”的视频。快手账号“东北黑豹正能量”发布所谓“胡某宇找到了，器官不全，哪里去了”的视频。微信“TT 聊聊八卦”、快手“老梁精彩影视”、微博“上院散人”等账号还编造了“学校化粪池发现碎骨”“学校二楼发现白布裹尸”“学校的后山坡树林中搜寻到血衣”的言论。这些网上谣言毫无事实根据，意图扰乱人心，不仅不利于事件调查，还造成极大干扰，性质十分恶劣。

3. 假冒事件相关人员身份。一些网络账号通过多种方式冒充事件相关人员，借机大肆传播虚假信息。其中，百度账号“ilusions”在网上求救，声称自己为胡某宇本人，目前已被绑架和囚禁。抖音“ssyg800”“96222866030”等账号将自己的个性签名改为“胡某宇姐”“胡某宇表姐夫”，冒充当事人亲属身份。快手“胡某宇的舅舅”“胡某宇哥哥”“胡某宇爸爸”等账号通过新设用户头像、更改用户昵称等方式，多次发布虚假视频。还有个别账号冒充学校化学老师，发布威胁家属私了的视频。

4. 无底线蹭炒事件热点。部分网络账号故意搭蹭事件热点，恶意营销炒作，误导网民。比较突出的是，快手“泪水逆流”“大陆人 998”等账号将“胡某宇事件”与其他事件无端关联、大肆炒作，渲染负面情绪。抖音账号“宇哥看世界”、小红书账号“63E20”批量剪辑发布当事人及其家属过往图片、音视频信息，炒作所谓亲友爆料线索。抖音账号“一谷老师”通过迷信方式臆测胡某宇人身安全状况，借机谋取不当利益。

中央网信办有关负责人表示，胡某宇事件发生后，广大网民十分关注事件进展和调查情况，与此同时，一些不法分子在网上无底线编造谣言，干扰舆论走向，不但挑战了社会基本道德底线，也违反了相关法律法规要求。对于此类信息和账号，网信部门绝不姑息纵容，将持续予以打击。同时，也呼吁广大网民提升辨别能力，不信谣、不传谣，积极参与监督举报，主动提供相关线索，共同营造风清气正的网络空间。

综合训练

1. 思考题。

（1）“只要写作能力强，就能做好新媒体文案。”请谈谈对这句话的认识。

（2）请分析新媒体编辑职业素养。做好新媒体策划，需要具备什么素质？如果想达到排版美观，需要具备什么能力？写出受众欢迎的作品，需要具备什么能力？

2. 案例分析题。

“黎贝卡的异想世界”这个订阅号中的每篇文章几乎都是广告软文，点击率却超过10 万。请大家查看“黎贝卡的异想世界”订阅号的历史文章，总结该平台的软文写作与运营经验。

模块二　新媒体写作技能实操

项目二
新媒体文案写作思维

项目综述

做新媒体文案工作，思维方式很重要。新媒体编辑的思维方式很大程度上决定着文案的流量。所以，认真学习并灵活运用新媒体文案的写作思维，是写好新媒体文案的前提。

学习目标

知识目标

1. 熟记九大互联网思维。
2. 理解新媒体文案写作思维。

能力目标

1. 能够运用九大互联网思维简要分析商业案例。
2. 能够运用新媒体文案写作思维详细分析新媒体方案作品。

素养目标

1. 培养学生换位思考能力。
2. 拓宽学生思维方式。

任务一　解读互联网思维

情境导入

互联网思维是做好新媒体工作的基础。无论是线上学习还是线下阅读，王诚经常看到有关互联网思维的文章。互联网思维的内涵与外延是什么？应该如何准确理解呢？

课前思考

请看下列两个互联网品牌企业的案例，分析它们成功背后的思维方式是什么，它们用了哪些策略取得了成功。

案例 1

我们将本次故事的主人公称为华龙哥。他 37 岁，生意失败，欠了 200 万元的债。

怎么办呢？

偶然有一天，他发现，深圳的街头、地铁口许多电动车的座椅上都有破洞。他想，在一个多雨的城市，下雨之后，有洞的座椅坐上去，一裤子的水，会给骑车的人带来很多麻烦。于是他想到一个对别人有用的活儿——把这些电动车车座的破洞补上。

他带着一些皮革贴，满大街找电动车，补好破洞之后，再贴上一张收款二维码，上面写着："座椅给您补好了，扫码支付，金额您随意。"

等他忙完一天回家，打开手机，发现真的不断有人开始付款，有 3 块、5 块、8 块、20 块，还有人留言感谢。

第一天总共 31 笔，收了 184 元。要知道，他补座椅用的皮革贴，每一张的成本在一毛钱左右，贴了 100 张也才 10 元的成本。

第二天，收款 562 元，刨去皮革贴的成本 30 元，地铁日票 25 元，挣了 500 多元。

一个新的生计就这么找到了。

案例 2

公众号"GQ 实验室"的一篇文章，名字叫《红了！》。150 句清新文字组成的文章，在微信公众号里拿到的成绩是 400W+。

文章内容是一条一条的，就是形容什么是美。

比如——

美是任何一个想要打开相机的时刻。

美是电影院漆黑中他轻轻碰到了她的肩膀。

美是"这版方案我们 OK"。

美是说好最后一杯但为了再多坐一会儿又忍不住倒满的酒。

…………

就这样的短句，一共 150 句。要凑这么多，还挺不容易的。

我算是多年的老文字工作者了，这样的文章，结构是既定的，文字也不错，搁我手上，我是改不动了。你让我提建议，我顶多说，让设计师在排版上再想想办法。

但是，《智族 GQ》杂志的编辑总监跟我讲了一个词，叫作"微雕"。他说，文字写成这样，顶多算有个坯子，微雕还没开始呢。

给你看看这篇文章微雕后的样子。

"美是通完宵后拉开窗帘所看到的红色朝阳"，模拟了日出的动画效果。

"美是江水长流无尽时"，设计成了流水的状态。

"美是随随便便"，每个字都会轻微左右晃动，让你感受到一种轻松随意的感觉。

150 句，每一句的呈现方式都不一样。

到这儿是不是就可以了？

不，还可以继续微雕。

为了让每一段文字的弹出时长都恰到好处，需要责编、设计、策划和主编——几个不同年龄段的人，在主观感受上达成共识。光这一项工作，又花了好几个小时。

这下，该没什么可做的了吧？

不，还有个手机适配问题啊。他们测试了多个版本，无论是用夜间模式看，还是用正常模式看，无论手机是什么系统的，是新款还是旧款，也都要是舒服的。

稿子发出去，就等着刷屏了吧？

不，微雕还在继续。

他们说，留言区也是文章的一部分。留言区放哪条留言，不放哪条留言，也要考虑与正文匹配起来的效果。

这篇文章不是GQ2022年唯一的一篇爆款文章，他们每年有350篇以上的10W+。仅仅靠这个公众号，年收入已经上亿元。

一、互联网思维释义

（一）互联网思维界定

互联网思维是在（移动）互联网、大数据、云计算等科技不断发展的背景下，对市场、产品、企业价值链乃至整个商业生态进行重新审视的思考方式。

最早提出互联网思维的是百度公司创始人李彦宏。他提出，企业家要有互联网思维，即使所做的工作不是互联网，也要从互联网的角度去想问题。这种观念已经被越来越多的企业家，甚至企业以外的各行各业、各个领域的人所认可。

（二）互联网思维的主要思想

1. 快速迭代，用户参与

企业通过不断迭代使产品日臻完善，而不是追求一次性做出一个完美的产品，并且将用户的反馈作为设计决策的部分依据。

2. 基于海量数据分析进行决策

互联网产品的一大优势是可以实时获得大量用户的行为数据，基于这些数据进行产品决策。

3. 病毒式营销

利用互联网的传播特性，促成产品在社交网络和社会化媒体上的渗透，并通过制造轰动性事件、争议性话题等，实现大范围病毒式传播与营销。

4. 少就是多

互联网产品通常不追求大而全，而是抓住用户某个痛点或价值点，有针对性地生产出定位明确的产品。在功能上尽量简单明确，即便要做大、做复杂也是慢慢地加上去。体验上尽量做到简单、易上手。

5. 免费策略，平台战争

互联网产品大多不向用户直接收费，而是用免费策略极力争取用户、锁定用户，然后凭借庞大的用户基数，推广和兜售其他服务。

6. 粉丝经济

互联网思维注重培育和吸引忠实用户，壮大粉丝规模，营造粉丝文化乃至构建话语体系。在品牌中注入用户基因，与用户保持高频、全方位的互动。

7. 激发用户创造力

用户是产品的一部分，激励用户进行创造，生成高价值内容；用户在创造的同时还能自发组织形成多层次、多样性的网络单元，使互联网产品扩展为一个复杂的生态系统，不断发展壮大。

二、互联网九大思维内涵

（一）互联网九大思维及其对应法则

互联网九大思维及其对应法则如表 2-1 所示。

表 2-1　互联网九大思维及其对应法则

序号	思维名称	法则
1	用户思维	得受众心者得天下
		兜售参与感
		用户体验至上
2	简约思维	专注，少就是多
		简约即为精美
3	极致思维	打造让用户“尖叫”的产品
		服务即营销
4	迭代思维	从小处着眼，微创新
		精益创业，快速迭代
5	流量思维	免费是为了更好地收费
		坚持到质变的“临界点”
6	社会化思维	利用社会化媒体做口碑营销
		利用社会化网络，众包协作
7	大数据思维	中小企业也要有大数据
		你的用户不是一类人，而是每一个人
8	平台思维	打造多方共赢的平台生态圈
		善用现有平台
		让企业成为员工的平台
9	跨界思维	挟用户以令“诸侯”
		用互联网思维大胆进行颠覆式创新

（二）互联网九大思维解读

1. 用户思维

用户思维是互联网思维中最重要的思维方式，是互联网思维的核心。它强调以用户为中心，换位思考，发掘用户的真正想法和需求。对企业而言，用户需要什么就做什么，用户什么时候需要就什么时候出现；用户要得少企业却给得多，用户没有想到的企业却帮用户考虑到了，从而实现卖点精准化。所以，用户思维的本质是深度的换位思考。

法则 1：得受众心者得天下。

这条法则讲的是企业的市场定位和目标人群选择。企业要了解用户的“刚需”是什么、即时需要是什么、自我定位是什么，进而提出有效的解决方案。

法则 2：兜售参与感。

互联网时代成长起来的年轻人，他们的自我意识强烈，对产品和服务的需求不再单纯停留在功能层面，还想借此表达自己的情感。这就需要企业为用户提供参与感平台，比如，邀请用户参与公司董事会的讨论。参与感是用户思维最主要的体现方式，它主要包括两个方面的内容：一是让用户参与到产品研发与设计中；二是让用户参与到品牌传播中。

课堂讨论

“真正的参与感绝对不仅仅是互动，而是打造一种友爱的互动，让员工、用户发自内心地热爱你的产品，发自内心地推荐你的产品。”请谈谈对这句话的理解。

法则 3：用户体验至上。

用户体验是一种纯主观的感受，是用户在接触产品或者服务的过程中形成的一种综合体验。好的用户体验重在让用户感知到细节，并且这种细节要超出用户的预期，能给用户带来惊喜。

2. 简约思维

这一思维是指专注于做产品，定位力求简单，设计要求简约，体验直接化，短时间内直达用户内心。简约意味着人性化，包含三个要素：看起来简洁，即一目了然，一看便知道要表达的信息；用起来简化，即一键到底，用户不需要忙于记住操作的各种顺序和功能位置；说起来简单，即用简单语言描述，能快速让客户看到其中的价值。

法则 1：专注，少就是多。

这一思维是指将一件事做到极致，即所谓的“越专注，越专业”。杰克·特劳特（Jack Trout）和史蒂夫·瑞维金（Steve Rivkin）在《新定位》一书中列出了消费者思考模式的特性：消费者只接收有限的信息；消费者喜欢简单，讨厌复杂；消费者对品牌的印象不会轻易改变。因此，企业要细分市场定位，专注一点，做好自己的商品特色，形成稳定的消费群体。

法则 2：简约即为精美。

这一思维是指以结果为导向，始终追求高效简洁。对于产品设计而言，外在部分要足够简洁，内在操作流程要足够简化。

如果给你 30 秒，请你介绍自己，针对不同的受众，你会有哪些不同的表达？请大家思考后，扫码观看微课“30 秒内有效介绍自己”。

30 秒内有效介绍自己

3. 极致思维

这一思维是指把已有的产品和服务做到极致，超越用户预期，打造让用户满意的产品或者服务。极致思维是工匠精神的一种体现。

媒体人罗振宇做的自媒体“罗辑思维”就是匠人精神的一个代表。那段时间他坚持每天早上 6:30 发微信语音信息，并且每条信息的用时都是 60 秒，一直坚持 10 年。为了做到这种形式上的统一，他每天比别的发语音的自媒体人要多录好多次。这是一种追求极致的匠人精神。

法则 1：打造让用户“尖叫”的产品。

打造让用户“尖叫”的产品的前提是产品体验超越用户的预期。

首先，要抓准用户的痛点、痒点和兴奋点。

痛点是用户的刚需，是用户急需解决的问题，这类问题不解决，用户就会很痛苦。举例来说，患者牙龈肿痛，无法咀嚼，很痛苦。这个时候患者就会主动找医生，医生治疗的时候，即使患者很痛苦，但还是忍着，因为患者要解决牙龈肿痛这个问题。解决牙龈肿痛也就成为用户的痛点。所以，产品具备解决用户痛点的功能是满足用户需求的一个关键点。

痒点是用户工作和生活中觉得别扭的地方，既乏力又让人欲罢不能，抓住痒点能满足用户追求更好的深层次欲望。还是以牙痛为例进行说明。患者牙很痛，去找医生，其中一个医生说，要做根管治疗才能好，另一个医生说，直接喷点特效药就能好。在明确治疗效果一致的前提下，大部分患者会选择喷药剂，因为喷药剂可以让患者免受治疗中的痛苦。所以，解决痒点问题满足的是用户的期望型需求，它是在基础型需求基础上为用户提供的增值服务，属于锦上添花。

兴奋点是用户买了产品后，会很开心、很兴奋，可以理解为产品的卖点，是产品所体现的差异化特色。还以牙痛看医生为例进行说明。如果用户购买和使用了喷药剂后，有效地解决了牙痛问题，他还被告知可以免费终生享受本店喷剂治疗的优惠，用户听了会很开心、很兴奋。

课堂讨论

协和医院曾有一个不成文的规矩，就是在把听诊器放到病人胸口之前，要把听诊器的前端用手焐热，再放上去。为什么？为了不让病人觉得突然被冰了一下，不舒服。拿手焐一下的目的不仅仅在于不让病人难受，还在于让病人看到大夫的这个动作，知道大夫非常关心他的感受。

请分析协和医院医生的做法。

其次，要敢于颠覆思维定式。

爱因斯坦说过很重要的一句话，“在引起问题的框架内思考，将永远无法解决问题本身”。他提醒我们要改变自己思考一件事情的出发点，换一套新的范式和框架，才有可能解决问题。怎么去打破这些范式所造成的框架呢？脑筋急转弯就是一个特别好的打破范式的练习。

法则 2：服务即营销。

丽思卡尔顿酒店是很多名人都喜欢住的酒店。其中最有名的客人是可可・香奈儿，她长期住在丽思卡尔顿的套房里，因为她觉得住在这儿比住在自己家里还要舒服。酒店人性化、个性化的服务，起到了很好的营销效果。

人性化、个性化服务点滴：他们给客人房间里放了桃酥一样的小甜点，上面嵌着几个坚果。第二天收拾房间的时候，服务员发现有位客人把点心吃掉了，但所有的点心上的坚果都被剔出来了，放在盘子里。然后服务员马上通知厨房给这个客人单独做一份不带坚果的甜点。

在酒店，只要客人走近工作人员三米之内，工作人员一定要主动跟客人打招呼说：“May I help you？”“有什么我能为您做的吗？”“您有什么需要我帮您的吗？”

4. 迭代思维

企业要时时刻刻关注消费者需求，根据消费者需求的变化适时创新，快速更新产品，最大限度地满足客户需求。

法则 1：小处着眼，微创新。

企业要长久、持续而快速地在产品、体验方面进行改进，持续改进多了，就促进了创新，甚至是颠覆性创新。微创新要以用户思维为前提，尝试在细微之处有所改变，比如将使用流程由 6 步改为 3 步，为用户提供方便，并持续不断地改进。

法则 2：精益创业，快速迭代。

企业通过对客户行为的分析，收集客户的反馈，找到客户的痒点，快速进行更新迭代，从而让用户惊喜连连。这里要推荐 IDEO 公司的一本书，叫《创新的艺术》。IDEO 是一个专门用创新思想帮各大公司解决难题的企业。他们为了解决婴儿不愿意坐婴儿手推车的问题，就把一群大人放在婴儿手推车里，每天推着上大街去感受。感受为什么孩子坐在上面不舒服，感受孩子总想下来、总想闹别扭的原因。后来他们发明了一款既特别实用又具有颠覆性的婴儿车。

5. 流量思维

免费往往是互联网公司获取流量的首要策略。互联网公司的估值模式中，很重要的指标就是流量，包括注册用户数量、活跃用户数、用户访问频率等。流量的本质是用户关注度。正如凯文・凯利在《技术元素》中提到的：“目光聚焦之处，金钱必将追随。”

法则 1：免费是为了更好地收费。

很多公司先免费，后推出优质收费产品，给用户在体验上带来巨大冲击，从而形成一种有利的广告和营销环境。

课堂讨论

请用互联网思维分析××航空公司为什么能够做成免费生意。

××航空公司的免费生意

相信不少人都有搭乘飞机的经验。一般情况下，旅客下了飞机以后还要再乘坐另一种接驳交通工具，才能到达目的地。成都的机场有个很特别的现象，当旅客下了飞机以后，会看到机场外停了上百辆休旅车，后面写着“免费接送”。如果旅客想前往市中心，搭出租车平均要花 150 元的车费，但是如果旅客选择坐这种黄色的休旅车，只要一辆车坐满了，司机就会发车免费带旅客去市区的任何一个地点。

××航空公司挑选高品质的商务车作为旅客航空服务班车，一次性从风行汽车公司订购了 150 辆风行菱智 MPV，目的是延伸服务空间，提高航空公司的服务水平。这其中包含一个有趣的商业模式。

原价 14.8 万元 / 辆的休旅车，××航空公司要求以 9 万元 / 辆的价格购买 150 辆，提供给风行汽车公司的条件是，司机开车时，帮助车辆供应商推广该类型的车。在乘客的乘坐体验中，顺道带出车子的优点和车商的服务。

接着，××航空公司招募一些想从事出租行业的司机，以每辆 17.8 万元的价格，将休旅车出售给这些司机，并告知他们只要每载一个乘客，××航空公司就会付给司机 25 元钱。司机为什么要用更贵的价钱买车呢？因为他们有稳定的客源，不用在路上到处找客人。

到目前为止，××航空已经进账 1 320 万元。公司又推出只要购买五折票价以上的机票，就送免费市区接驳的活动。至此，整个资源整合的商业模式就基本形成了。

对乘客而言，不仅省下了 150 元的车费，也解决了机场到市区之间的交通问题，划算。

对风行汽车公司而言，虽然以低价出售了汽车，但是，该公司却多了 150 名业务员帮它卖车，省下了一笔广告预算，换得一个稳定的广告渠道，划算。

对司机而言，与其把钱投资在自行开出租车营业上，不如成为××航空公司的专线司机，获得稳定的收入来源，划算。

对××航空公司而言，除了 1 320 万元的效益外，150 辆印有“免费接送”字样的车每天在市区跑来跑去，使这个优惠信息传遍大街小巷，为航空公司做了很好的广告。还有一种可能是，航空公司在与车商的签约期限过了之后，还可以向车商酌情收取广告费（包含出租车车体广告）。

（资料来源：赵大伟. 互联网思维：独孤九剑. 北京：机械工业出版社，2014. 有改动.）

思考讨论后，请扫码观看微课“写作思维的运用：某航空公司免费生意的思维方式”。

写作思维的运用：某航空公司免费生意的思维方式

法则 2：坚持到质变的“临界点”。

58 同城的创始人在企业上市后说道：“早知道要苦八年，就不会做这个创业的决定。”大家也许不知道 58 同城是怎样在苦活、累活中熬过来的，说得煽情一点：伟大真是熬出来的。

6. 社会化思维

企业所面对的员工和用户都是以“网”的形式存在的。通过“网”，员工和用户的沟通与交流更加便捷，更利于做好营销。

所谓社会化思维，是指组织利用社会化工具、社会化媒体和社会化网络，重塑企业和用户的沟通关系，自己组织和管理商业运作模式的思维方式。

法则 1：利用社会化媒体做口碑营销。

社会化媒体是互动式在线媒体的总称，其本质是“用户即媒介，用户可参与，用户创造内容”。

口碑营销是企业或相关单位在买方市场条件下，对自己的产品或服务进行某一方面或某几方面的口碑设计，使得非生产人员（如消费者、经销商等）在消费或接触这些产品时所获得的实际利益超过他们的预期，通过他们向别人介绍这些产品而促进产品销量增加的一种营销方式。

法则 2：利用社会化网络，众包协作。

社会化网络是指在虚拟的网络中所存在的一个个小型的社会，在这些小型的社会里，人们彼此之间发生真实存在的社会活动，为达到某种或者多种目的，拥有共同兴趣的群体成立一个个以网络形式存在的社区。

众包指的是一个公司或机构把过去由员工执行的工作任务，以自由自愿的形式外包给非特定的（通常是大型的）大众网络的做法。

众包可以加强企业的核心竞争力。企业为了把精力放在自己擅长的业务中，往往将不擅长的、别人做比自己做效率更高的业务外包给专业的公司，以集中优势兵力打歼灭战。杰夫·豪（Jeff Howe）认为，“众包能培养和发展才华，从这个方面看，众包增加了我们对智力资产的总体储备”。企业通过众包集中更多人的智慧，充分发挥隐藏在网民中的巨大潜力，使好的创意为我所用，帮助企业解决自身难以解决的问题，增强企业的核心竞争力。

7. 大数据思维

这一思维是指企业通过后台数据挖掘与分析，进一步创新完善产品功能，提高企业的核心竞争力。大数据思维的核心是理解数据价值，通过数据处理创造商业价值。

法则 1：中小企业也要有大数据。

中小企业首先要做的不是追求大量的数据，而是要有大数据思维。有了大数据思维，中小企业就可以借助大数据来确定营销方向和策略。至于获取数据的方法，中小企业可以从大企业那里购买数据，也可以中小企业抱团取暖，上下游企业或者同一行业的中小企业联合起来共同开发，充分分享自己的数据，促进共同发展。

法则 2：你的用户不是一类人，而是每一个人。

亚马逊公司总裁杰夫·贝索斯（Jeff Bezos）说过：“如果我的网站上有一百万个顾

客，我就应该有一百万个商店。”

现在的零售网站在挖掘顾客偏好的时候主要采取两种方式：一种方式是基于用户，通过用户行为来判断用户之间的相似性，比如顾客在网上买了一本书，网站就会自动提醒买这本书的顾客中有百分之多少的人买了另外一本书。另一种方式是基于商品，通过判断商品之间的关联度来完成推荐，比如顾客购买了一套彩妆，网站就会推荐一款对应的卸妆水。这种基于“协同过滤”技术的推荐引擎，现在已经比较普遍。

其实，大数据还能做得更多。比如，登录今日头条，浏览了几篇文章，接下来的日子，今日头条会将相关文章推荐给该用户，从而有效实现个性化推荐。

8. 平台思维

平台是互联网时代的驱动力，是在平等的基础上，由多主体共建、资源共享的，能够实现共赢、开放的一种商业生态系统。平台具有共建、共享、共赢、开放和平等的特点。

法则 1：打造多方共赢的平台生态圈。

平台生态圈是以某个平台为基础，创造出“为支撑平台活动而提供众多服务”的大系统。平台生态圈建立的基础是“更好地满足当前时代的多方需求”。

比如百度的生态圈。百度基于技术资源、用户资源和品牌资源，为大众用户开发出游戏、音乐、旅游、视频、地图、百科等多种免费服务。同时，每一种免费服务背后都存在为之付费的另外一方。如此多的平台功能与人们的生活产生了千丝万缕的联系。只要用了百度的服务功能，用户的行为就会变成百度的数据被记录下来，这些数据除了用来做精准营销，还有可能在未来用于将用户吸引到百度的其他服务中。

法则 2：善用现有平台。

平台不是一天建成的。现在互联网越来越向开放、社交和整合的方向发展。企业在面对腾讯、百度等巨头平台公司时，如何才能找到自己的立足之地呢？就是静下心来利用现有平台把工作做好。对于实力不足的中小企业来说，与其建平台，不如做一个平台之上的内容提供商，做一家个性化公司，先解决一部分人的需求，让自己成为这个领域的权威。当发现自己客户数量越来越多，需求量和需求内容越来越大的时候，再考虑构建平台事宜。

法则 3：让企业成为员工的平台。

互联网背景下，企业组织设计由“金字塔”走向“扁平化”，即消除中层，淡化部门概念。比如某知名淘宝品牌有近 400 名员工，但其组织架构只有两层，一层是 CEO 为首的核心管理团队，另外一层是 30 多个学院。每个学院是一个基础的作战单元，平时独立作战，逢重大任务时，相关学院合并到一个全新的部门，任务结束后，新部门解散，重新回到原来的学院。扁平化的管理以任务流程的“节点”来驱动业务进程，即“人人都是中心，人人又都不是中心”。

9. 跨界思维

随着互联网和新科技的发展，很多产业的边界变得模糊，跨界合作更容易出现创新性成果，所以要学会利用跨界思维，大胆进行颠覆式创新。

跨界的本质是高效率整合低效率，寻找低效点，打破利益分配格局。按照中欧国际工商学院陈威如教授的说法，跨界者可能来自与你息息相关或者是毫不相关的产业。

法则 1：挟用户以令“诸侯”。

跨界要以用户为中心。水平扩张是满足用户的一切需求，垂直整合是完美满足用户某方面的需求。跨界者为什么赢了呢？一方面，他们掌握了大量的用户数据，知道用户的收入、社会关系等；另一方面，他们具备用户思维，懂得始终关注用户需求和用户体验，也就自然能够做到挟用户以令“诸侯”。所以，用户数据是跨界制胜的重要资产，用户体验是跨界制胜的关键。

法则 2：用互联网思维大胆进行颠覆式创新。

变革首先来自创始人的思维和心态，过去成功的经验是好事，但有时候也会阻碍创始人接受新事物。某知名服饰品牌的创始人在年近 50 岁时，还和一群 20 岁左右的年轻人一起参加电商培训班。他接受培训师的建议，重构了服务互联网的组织 架构，由原先线下每个部门向上一级汇报转变为总经理直接指挥每个小组，从而形成扁平化的组织结构。

课后练习

请阅读下面这则案例，并用互联网思维进行解读。

淘品牌格男仕的“另类文化”

格男仕是一家服装行业的淘品牌。在过去几年时间里，格男仕业绩不断蹿升，分销商有几千家……如此骄人成绩的取得，除了其较强的 IT 技术力量外，其另类而有趣甚至搞笑的企业管理文化也功不可没。

以英雄为榜样

每个员工都会选一个正面的影视英雄人物作为个人的文化标签，并把自己向往的英雄贴在自己的办公桌上。老板的办公室叫好莱坞，行政室叫售票大厅，会议室竟然是万达影院……走进格男仕，古今中外，各路武林英雄都在这里会集，犹如华山论剑。

“大家都知道，不管是电视剧、科幻片还是卡通、爱情片或武侠片，主人公通常经历各种磨难，但最后都会战胜困难、打败敌人，因此我们要求每个员工选择一个与自己比较匹配的影视英雄人物，以英雄为榜样，唤醒每个员工内心的正能量。”格男仕负责人说。

在快乐中受惩罚

曾经有一名员工离职，因为这名员工平时表现不错，负责人问他离职原因。这名员工说：“公司挺好的，待遇也不错，但是我不爽。”原来他是因为跟上司起了口角。看来是很小的事情，但是“90 后”“00 后”的思维模式就大为不同。“我发现，拿几百、几千元奖励员工，他们往往是拿了也就拿了，没有太多感觉。”为此，格男仕制作一些小红花，员工有好的表现就赠送几枚。这些小红花，可以送给其他同事抵消犯错，“他以前帮了我，这次轮到我回报他了”，这样可以培养员工友爱互助。另外一种奖励方式是，可以参加抽奖。奖品丰富多彩，比如带薪休假 1 天；要求公司领导接送你上下班一天；30 分钟迟到抵用券 5 张；邀请 3 位朋友或家人，让领导请吃饭；孝敬基金，公司会给员工父母打电话，说您的孩子表现很好，这是孝敬您老的；连续 5 天每天免费午餐；五星级自助餐 1 次……当然，犯错误了也有惩罚，那就是抽恐怖箱，而且是整个团队都要受罚。在这之前，要求大家先找自己有没有问题，再去找别人有没有问题。找到别人的问题可以抵消自己的问题，最后还是有错误的，整个团队就要受罚。格男仕制定了各种有趣的惩罚方式，如俯卧撑、脸上涂鸦且一天内不能擦掉，其中扫地是惩罚力度最轻的。

看完这些，大家可能觉得他们是一群神经病。但是自从得了“神经病”，整个团队精神多了。格男仕负责人说：“我们希望让员工快乐地接受惩罚，这样既可以得到教训，又能传递友爱、欢乐和感动。”

企业文化要以员工为核心。今天工作不努力，明天努力找工作，这是很多公司的标语。这句话带有威胁性质，潜台词是，你如果不好好干，明天就把你开除，谁听了都会不爽。格男仕的口号是：“今年不珍惜员工，明年努力找员工。”对企业来说，管理应更多地从员工的角度思考，这样才能留住他们的心。

对于年轻的员工，老板不应该是一个单纯的“管理”者，而是一个通过一系列的途径，将公司目标和员工个人的成就、价值、目标、认同、满足、快乐联系起来，将员工的主观意愿和创造力发掘到极致的人。

任务二　拆解新媒体文案写作思维

情境导入

王诚终于理解了互联网思维的内涵与外延，知道了互联网思维的核心是用户思维。互联网思维如何运用到具体的文案写作中呢？新媒体文案写作思维的学习就提上日程。

课前思考

1. 请分享一篇你最喜欢的新媒体文案，说明你喜欢的原因是什么，文案用了互联网思维的哪一种或者哪几种思维方式。

2. 被广泛传播的新媒体文案，都有一个核心点：引发受众关注，其背后的写作思维有哪些？

一、用户思维

要想写出有影响力的新媒体文案，需要做到深度的换位思考。具体来说，就是给用户带来真正的价值。与用户有关、对用户有用、替用户说话、激发用户情绪的信息，都能给用户带来价值。

如，《人民日报》订阅号在“太空出差”6个月，成功着陆第2天，于中国空间站即将全面建成之际，推出文案《中国载人航天，一分钟会发生什么？》，短时间内形成广泛的传播。这篇文案借助热点，同时满足了用户的好奇心，所以取得了较好的传播效果。

如，《珠海特区报》订阅号于2023年2月12日发表推文《2月发放看牙补贴，符合条件的珠海人抓紧申领！》也在短时间内达到较好的传播效果。原因在于其为牙疾用户提供有用性、利益引诱性信息，激发他们的喜悦情绪。而与珠海无关的、与牙疾无关的用户，却很少去点击这篇文章。原因就是，这篇文章不能给他们带来有价值的信息。

所以，新媒体文案人员在写作时，应始终“以用户为中心”，考虑用户的诉求、地域、爱好、学历、职业、习惯等。这是写好新媒体文案的前提。

课堂讨论

请阅读《泪目！丈夫离世3年后，竟“救”了她的命，网友：这是一场爱的轮回》，分析这篇文案给用户提供了哪些方面的价值、目标用户是谁。

泪目！丈夫离世3年后，竟“救”了她的命！网友：这是一场爱的轮回！

《辽沈晚报》，2022-12-05 20:14 发表于辽宁

3年前
吴云（化名）的丈夫因病去世
捐献器官延续4人的生命
此后，吴云却不幸身患肾病
作为器官捐献者的妻子
她优先获得肾脏移植

11月30日，浙江杭州
吴云顺利出院
她可以摆脱每周3次的透析
渐渐回归到正常生活

丈夫因病去世
捐献器官挽救4位患者的生命
吴云今年36岁，来自湖南

曾和丈夫陈刚（化名）
在浙江金华工作
夫妻俩养育了两个儿子
一家四口虽不富裕但很温馨

2019年春天
陈刚突发脑出血、病情不断恶化
那时，吴云了解到器官捐献
她心想，丈夫救不回来
把有用的器官捐献给有需要的人
应该也是丈夫的心愿
“我丈夫生前是一个很善良的人
遇到身边有困难的
都会力所能及地出手相助”

2019年5月，陈刚去世
捐献了肝脏、肾脏和心脏
挽救了4位器官衰竭患者的生命

自己不幸患上肾病
没想到被去世三年的丈夫“救”了

丈夫离世后
吴云带孩子回到湖南
然而，在一次检查中
吴云查出了肾病
今年初，她的病情加重
只有接受器官移植才能彻底康复
吴云说，“听说要几十万元
还要等肾源，我负担不起”

2015年起，浙江省红十字会
针对人体器官捐献者
相对困难的家庭
会给他们的孩子提供助学补助
所以这些年，器官捐献协调员
一直和吴云保持着紧密联系
了解她和孩子们的生活情况

今年7月
协调员得知吴云的病情
“根据您的情况
在浙江治疗可以享受移植优先权
可以免收移植器官的获取费用”

也是那个时候
吴云才清楚地知道
正常的排队等候移植
她可能要等三年，甚至更长时间
而依据国家的政策
作为捐献者家属
她的等候时间可大大缩短

今年11月23日，好消息传来
吴云有了匹配的肾源
她当天便赶到杭州
并在第二天接受了移植手术
作为捐献者的配偶
她被减免了器官获取费用
医保报销后
只需承担几万元的医疗费

根据浙江省2021年出台的器官捐献者家庭关爱政策，
对在本省内捐献人体器官的捐献者父母、配偶、子女，在本省内器官移植的，免收器官获取费用。

“我的心情非常复杂
我获得了重生
也意味着有一个家庭
失去了亲人”
吴云打算在杭州租房一段时间
等待后续检查完成后
再回家团聚

陈刚捐献器官的事
吴云一直没有告诉孩子
她珍藏着丈夫的捐献证书
“等孩子长大了，我会告诉他们

爸爸不仅帮了别人
也救了妈妈！”

吴女士的故事
感动了许多网友
“这是一场爱的轮回”

用户思维是为别人着想的善良。工作、生活中处处离不开用户思维。请对比以下两则用微信汇报工作的案例（见图 2-1）。

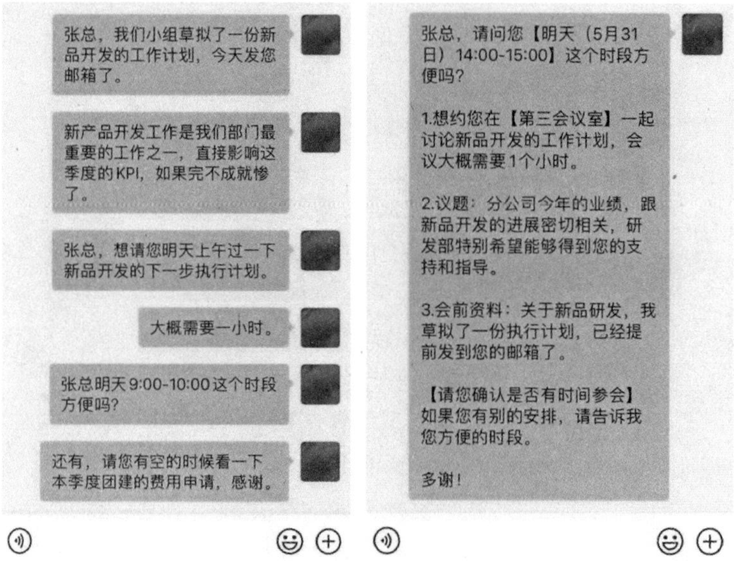

图 2-1　用户思维应用案例

很明显，右侧的汇报条理清晰，为用户省去提炼分析的麻烦，是用户思维运用的典型案例。

二、简约思维

这一思维的核心是抓住产品的一个卖点进行直观化宣传，并不断完善更新。一则新媒体文案中只写一件事情，并将这件事情通过细节表述清楚。如果一则文案中说了三件事，就等于一件也没有说。简约思维的核心是小处着眼、具象着手、深入挖掘。

图 2-2 所示是 Google（谷歌）公司收到的一封信。这封信是一个叫凯蒂的小女孩用蓝色蜡笔写的，翻译成中文如下：

> 亲爱的谷歌同人，求求你能否让爸爸在周三休息一天，因为他只有周六才放假。对了，周三是我爸爸的生日，而且现在是适合放假的夏天，你懂的。

小女孩的信很快得到了回应，Google 公司的回信见图 2-3。

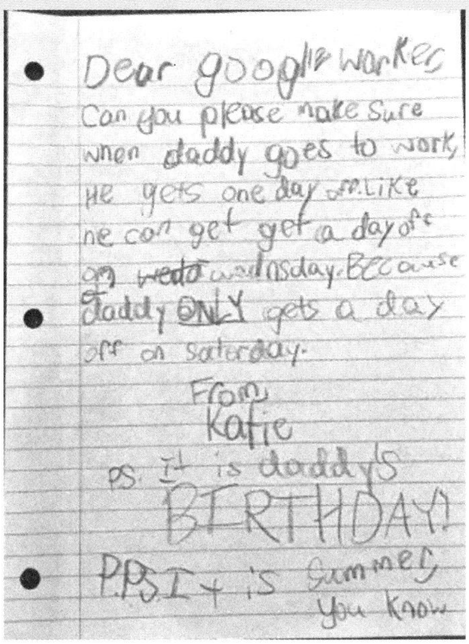
Dear google workers
Can you please make sure
when daddy goes to work,
he gets one day off. Like
he can get get a day off
on wedd wednsday. Because
daddy ONLY gets a day
off on saturday.
From
Katie
PS. It is daddy's
BIRTHDAY!
P.P.S It is summer
you know

图 2-2　凯蒂给 Google 公司的信

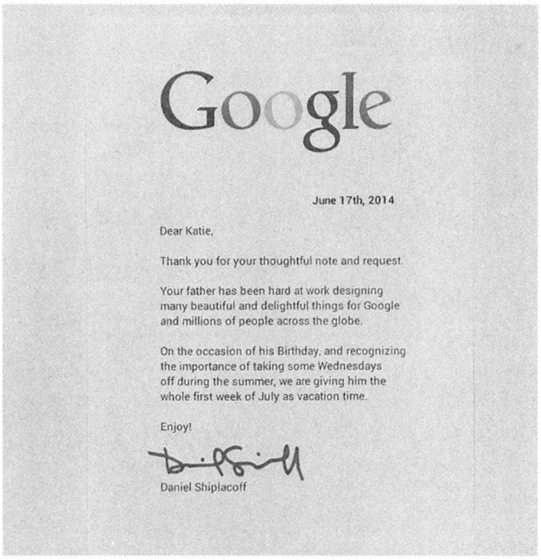
Google

June 17th, 2014

Dear Katie,

Thank you for your thoughtful note and request.

Your father has been hard at work designing many beautiful and delightful things for Google and millions of people across the globe.

On the occasion of his Birthday, and recognizing the importance of taking some Wednesdays off during the summer, we are giving him the whole first week of July as vacation time.

Enjoy!

Daniel Shiplacoff

图 2-3　Google 公司的回信

这是凯蒂爸爸的上司丹尼尔·席普兰克夫（Daniel Shiplacoff）亲自给小女孩的回信。内容翻译如下：

亲爱的凯蒂：

感谢你的来信和你提出的要求。

你的父亲在工作上一直很努力，他为谷歌和全世界千千万万人设计出了很多漂亮的、令人欣喜的东西。

鉴于他的生日即将到来，以及我们也意识到了在夏天挑这个周三休息一下的重要性，我们决定让他在 7 月的第一周休假一个星期。

祝好！

丹尼尔·席普兰克夫

这篇文案属于品牌文案，主要说明 Google 公司人性化的管理。文案没有简单列举该公司有哪些人性化管理方式，只是通过温情故事，用“Google 领导”“小女孩”“爸爸”“责任”“假期”“来信”“回信”等关键词连接起来，打动人内心深处最温情的一面，非常容易引起转发与传播，同时达到品牌营销的目的。

如何用简约思维改写文章

我们如何用简约思维写文章呢？请同学们思考后，扫码观看微课“如何用简约思维改写文章”。

三、求异创新思维

新媒体文案的写作目的首先是吸引受众的注意，让受众点击、阅读、认同并转发文案。要做到在海量文案中凸显自身文案的优势和亮点，就必须找到与同类文案的区别之处，进行创新性描述和表达。

课堂讨论

1. 如果请你写一篇文案来传递社会正能量，你会选择哪些角度进行写作？请画出思维导图。同时，比较这些宣传角度的优缺点，选出最具有创新特点的一个角度，并说明原因。

2. 阅读下面这篇文案，分析求异创新的呈现方式。

在深圳有楼房，她却坚持拾荒多年……秘密公开

《人民日报》，2023-05-03 14:00 发表于北京

“这是我的房
这也是我的房”
在深圳西乡老街
一条窄窄的巷子里
陈全妹随意指了指几栋自建楼
如果不是因为街坊的抱怨
她的秘密也许一直不会公开……

西乡社区的工作人员曾志尚说
附近的街坊向他们反映
陈全妹在自建楼的角落堆放废品
上门询问后才得知
陈全妹拾荒是为了捐资助学
为什么有房租还要拾荒？
陈全妹的行为
让人忍不住发出了一连串问号

有楼收租，她为何还坚持拾荒
陈全妹小时候家境清贫
12 岁起，她就帮着家人养蚝、卖蚝
后来嫁到了西乡，生儿育女
随着深圳全面工业化
西乡的村民“洗脚上田”
陈全妹常说
自己是政策受益者，是“躺赢”

可“躺赢”的人却没有“躺平”
陈全妹至今过着俭朴的生活
很长一段时间

她依然在市场开蚝、卖蚝
如今，身体不如往昔
她也只能服老，不再卖蚝
陈全妹的两个女儿都在外地
一个儿子住在深圳另一条街道
提及家人对她捐款助学的态度
陈全妹斩钉截铁地说
“我不去麻烦他们
他们也不要管我”

为什么有房租还要拾荒捐钱？
曾志尚拨开了迷雾
“老人干活习惯了闲不下来
现在去不了档口卖蚝
就只能捡点废品
而且她还有一大家子要帮衬”

原来，陈阿姨捐献的
不仅有自己靠拾荒换来的钱
还有自己这些年收租的
省吃俭用积攒下来的钱

陈全妹身上的针织衫
因为洗了太多次
领口变得松松垮垮
有些地方甚至已经脱线
她已经记不清捐了多少钱
但是对捡回来的废品了然于胸
“你翻动了一下她都知道”
租了她商铺的店主逗趣道

心中有大爱 善行不断
2008 年
陈全妹在电视上看到
贵州省库东关乡的孩子们
凌晨 4 点就要举着火把
沿着崎岖山路去上学
到了学校已是早上 8 点
而他们的校舍

只是几间残破不堪的平房
陈全妹说，从那时起
自己动了捐款建学校的念头

在亲人、爱心人士的帮助下
她远赴贵州省库东关乡
在那里捐出了人生中的
第一笔善款——20 万元
用于建设库东关乡白泥希望小学

2012 年，得知白泥希望小学
教学设备短缺
陈全妹又捐赠总价值近 4 万元的
100 套课桌椅和部分学习用品

2017 年，陈全妹再次前往贵州
最终确定铜仁市坞坭民族小学
为捐助对象
将积攒的 30 万元人民币
捐赠给该校建设图书馆
那一次，陈全妹也被聘为
坞坭民族小学的荣誉校长

平时不苟言笑的她
但凡有人叫她“陈校长”
就会开心很久

陈全妹今年已经 74 岁
每天除了照顾体弱多病的老伴
白天会抽空去档口打打下手
晚上就出门捡废品
“要么不捐，要捐就要把事情做好”

陈全妹常叨念着这句话
“钱存得差不多了
我看哪里需要，就捐出去”

陈全妹对自己很吝啬
对同一条街道的街坊

总是捐钱捐物，能帮则帮
如今，邻居看到她
便会将手中的空瓶子给她

希望能尽一点力量
从西乡老街狭窄的巷子里仰望
入眼处是一片
被房屋分割出的狭小天空
过去15年，陈全妹
就在这片小小的天空下
低头寻找着一个个塑料瓶

千里之外，她曾经捐助的
铜仁市坞坭民族小学
已经更名为铜仁学院附属小学
一批批孩子在明亮的校园里成长
看见了更广阔的天空。

谢谢您，陈阿姨！

四、极致思维

新媒体文案人员要快速抓住亮点和热点，根据受众需求，结合产品调性，短时间内快速写出质量高、传播力强的文案，这不但需要持续学习的态度和行为、强大的专业行业知识背景，而且要有极强的抗压抗挫能力，能够把工作做到极致。

五、迭代思维

迭代体现了互联网典型的开发模式——敏捷开发。文案人员通过接收用户的反馈，不断试错，在持续迭代中完善产品。做新媒体文案，尤其是自媒体文案，要重视迭代思维，即按照既定方向，不断地在垂直领域发表文章；根据用户反馈，及时修正下一篇文案的写作思路、语言风格等；按照用户阅读习惯，根据文章类型，形成固定时间推送文章的习惯等。

课堂讨论

请分享你关注的微信公众号或者其他平台，这些平台推送文章的时间有什么规律？它们推送的文章属于什么领域？受众是哪些人？

六、流量思维

在整个新媒体文案策划过程中，新媒体人要考虑流量从哪里来、引到哪里去，如何拓展流量来源，如何提高流量转化率。这些不仅是创意的功夫，也是运营和写作中的功夫。

“凯叔讲故事”于2014年起步，通过睡前故事以及策划系列活动，赢得了大量流量。之后“凯叔讲故事”推出国外经典绘本，提升阅读量。同时还加入“父母课程”“亲子关系”等模块，进一步提高了流量。孩子听故事是一个刚需，许多幼儿园的老师都给小朋友播放“凯叔讲故事”，孩子听习惯后回家让父母给他们播放，并告诉其他小朋友，口口相传。到2015年，“凯叔讲故事”的公众号粉丝增长到400万人。

在“凯叔讲故事”平台上，用户通过注册，可以免费听部分故事，但是还有一些故事需要花钱购买。如果想要听到更多的、符合自己意愿的故事，用户就需要付费听故事。通过这种方式，“凯叔讲故事”把一部分流量吸引到付费环节，完成了流量的转化。经过几年的发展，“凯叔讲故事”由自媒体变成了中国较大的互联网亲子故事品牌。

七、社会化思维

新媒体文案人员要把用户看成真正的朋友，设身处地地为用户解决问题，基于平等的双向沟通，为用户带来意想不到的惊喜；要长期坚持，做成品牌，从而慢慢形成口碑。微信订阅号被用户持续关注并被推荐的原因之一就是该订阅号能够不断满足用户的需求，被用户真心推荐，从而提升了订阅量和阅读量。

八、大数据思维

新媒体文案策划前要明确用户定位，写作完成后要根据后台数据做分析。定期进行数据分析，可以帮助新媒体文案人员总结问题与经验，明确下一步的方向。在互联网时代，大数据可以帮助人们解决很多问题，如定方向、降成本、省开支等。新媒体文案人员常用的数据分析平台有清博指数、新榜、数说风云、易赞、微风云、西瓜数据、微信热榜等。以下这些数据都是运营者应经常关注和分析的。

（1）基本信息：日期、排期、标题、文章类型、是否有广告、是否有互动活动。

（2）前期阅读数据：送达人数，七天图文阅读人数，七天图文阅读次数，七天人均阅读次数，第一、二、三天阅读人数。

（3）传播数据：公众号会话阅读、打开率、朋友圈阅读比例、一次传播率、在朋友圈再次分享、朋友圈阅读量、朋友圈单位分享带来的阅读量。

（4）总数据：累计总阅读量、总点赞量、点赞率、留言数、留言率、转载数、打赏钱数、两天增粉人数。

课后练习

1. 请阅读以下7个问题，分析它们分别对应新媒体文案的哪种思维方式。

（1）这个文案有没有直击用户痛点？

（2）直击了几个痛点？如果痛点太多等于没有痛点。一个文案出现一个痛点即可。

（3）用户阅读完文案，能不能“对号入座”，痛点的表述直白、简单吗？

（4）解决痛点的办法是产品的最大优势或差异化（产品卖点）吗？

（5）人们看了这个文案后，是否会有情感共鸣？

（6）人们看了这个文案后，是否感觉有用和有趣，想分享给他们的朋友？

（7）如果受众有你所希望的行动，他们能快速按照流程完成吗？比如购买、报名参加，新媒体文案人员要将上述行动写在用户不用费力就能找到的地方，并且流程简洁。

2. 请比较下面两组标题，考虑为什么同样的内容，换了一种表达方式，阅读量就会呈现 10 ～ 20 倍的增长。

原标题：普通文案和优质文案的区别（阅读 5 000）

新标题：月薪 3 000 与 30 000 文案的区别（阅读 10 万 +）

综合训练

1. 案例分析题。

阅读案例《春天来了，可是我什么也看不见！》，分析诗人的改动体现了哪种新媒体文案写作思维。

春天来了，可是我什么也看不见！

在繁华的巴黎大街的路旁，站着一个衣衫褴褛、头发斑白、双目失明的老人。他不像其他乞丐那样伸手向过路行人乞讨，而是在身旁立一块木牌，上面写着："我什么也看不见！"街上过往的行人很多，看了木牌上的字都无动于衷，有的还淡淡一笑，便走开了。

这天中午，法国著名诗人让·彼浩勒经过这里。他看了看木牌上的字，问老人："老人家，今天上午有人给你钱吗？"

老人叹息着回答："我，我什么也没有得到。"他脸上的神情非常悲伤。

让·彼浩勒听了，拿起笔悄悄地在那行字的前面添上了"春天来了，可是"几个字，就匆匆离开了。

晚上，让·彼浩勒又经过这里，问那个老人下午的情况。老人笑着回答说："先生，不知为什么，下午给我钱的人多极了！"让·彼浩勒听了，摸着胡子满意地笑了。

相关拆解，请扫码观看微课"写作思维的运用：分析'春天来了，可是我什么也看不见'"。

写作思维的运用：分析"春天来了，可是我什么也看不见"

2. 思考讨论题。

针对不同的受众，进行现代文秘专业宣传。如果你的受众是文秘专业教师、文秘专业学生家长、收到文秘专业录取通知书还未报到的新生、将要参加新生入学教育的文秘专业学生、幼儿园的小朋友、学校的校长……你将分别为他们提供哪些有价值的信息呢？

相关拆解，请扫码观看微课“用户思维的运用：分析文秘专业宣传写作思路”。

3. 写作实训题。

请从用户思维角度，修改下面这句话，使其表达清晰、易于理解。

“业务部长在前天的例会中，听到各业务据点报告的业务进度比预期好，以及各业务据点关于业绩提升所做的说明之后，感到非常满意。”

相关拆解，请扫码观看微课“文章修改技巧：主语和谓语要离得近”。

4. 知识拓展题。

在新媒体写作中，我们应该呈现什么样的信息、怎样呈现信息，才能增强用户黏性、让用户做出我们想要的行动呢？

思考后，请扫码观看微课“让用户付诸行动的方法”。

用户思维的运用：分析文秘专业宣传写作思路

文章修改技巧：主语和谓语要离得近

让用户付诸行动的方法

项目三

新媒体文案写作内容

项目综述

大卫·奥格威在《一个广告人的自白》中说："消费者不是傻瓜，消费者好比你的妻子。如果你以为仅凭口号和煽情的形容词就能劝服她买东西，那你是在侮辱她的智商。"无论哪个简单文案的最终定稿，背后都包含着相关的数据调研、目标人群分析、竞争对手分析、自身卖点提炼、内容呈现方式、平台比较与选择等工作。这一系列的工作被称为新媒体文案写作内容。新媒体文案写作内容决定着新媒体文案最终呈现的质量。

学习目标

知识目标

1. 熟记新媒体文案写作的 5 个步骤。
2. 掌握创意思维输出的方法。

能力目标

1. 能够运用金字塔原理列出文案写作思路。
2. 能够运用 SCQA 框架讲好故事。

素养目标

1. 培养学生的创意思维。
2. 培养良好的新媒体写作习惯。

任务一　明确新媒体文案写作步骤

情境导入

了解了互联网思维和新媒体文案写作思维后，王诚学会了运用互联网思维去分析知名企业新媒体文案运营策略，也学会了运用新媒体文案写作思维分析文案背后的写作逻辑。但是轮到自己写文案，王诚还是不知从何下手。

课前思考

要在微信朋友圈为班级做一次形象宣传，你会从哪个方面进行选题？通过哪些步骤完成这项工作？

没有新媒体文案写作背景和写作经验的人，接到一项文案写作任务会急于找素材、埋头写作。殊不知，这样写出的文案，常常缺乏新意，甚至与写作目标背道而驰。在写文案之前，要弄清楚所描述的产品或者服务能够解决受众的什么问题。然后，用符合受众诉求的思路去把故事讲好。

文案写作有五个步骤，分别是明确账号定位、明确文案写作目的、列出文案创意简报、输出文案创意和做好文案复盘。

一、明确账号定位

定位是一个账号的顶层设计。没有准确的账号定位，就谈不上选题思路。对于如何为账号定位，建议从以下几点入手。

（一）确定目标

写新媒体文案前，首先要了解发文平台的定位和主要功能。这主要包括品牌宣传、引流获客和售后服务等。如果战略目标是“提高××品牌在 18 ～ 25 岁年轻用户群体中的认知度”，那么，运营要点就是：抓住年轻用户的喜好，增加品牌曝光率，以大众化的内容获得广泛传播。

（二）盘点资源

（1）思考最拿手的写作内容。最拿手的写作内容是指超越一般用户平均程度理解的内容，即在哪个领域，你掌握得比受众专业。

（2）思考最擅长的表达方式。包括文字、图片、视频等表达方式。选择你最擅长的方式，呈现主题内容。

（三）分析市场

根据资源盘点，寻找对标账号，分析它们的选题、思路、爆款以及互动数据等，提炼其优势和不足，为己所用。建议在学习其运营本质、写作核心与写作技巧的前提下，进行差异化发展与竞争。比如，某新媒体平台的运营领域为青年文化方向。通过分析这一方向上已有的内容品牌，明确自己的细分市场。如果市场上已有账号的运营领域为青年中的小众文化，那我们不妨倾向“更主流的年轻人的亚文化”。也可以从跨领域角度，明确自己的细分市场。如由原来的“青年＋文化”拓展为“青年＋文化＋心理”“青年＋文化＋生活”等领域。目前，跨领域细分市场是寻求差异化发展的常用渠道。

（四）明确定位

进行市场定位时，新媒体文案人员要从以下几个角度思考。

1. 产品策略

新媒体文案人员要考虑什么话题、视角和语言风格才能让自己的受众觉得自己是独一无二的，所写内容的独特卖点是什么。

2. 渠道策略

新媒体文案人员要考虑在哪里、用什么样的内容触及目标用户。微信不是唯一的战场，抖音、小红书、知乎、哔哩哔哩、微博等平台都有各自的媒体生态，适合不同的内容。

3. 价格策略

新媒体文案人员要考虑如何实现变现，做电商、接广告还是通过品牌合作。如果没有变现的可能，自媒体账号其实是很难持续做下去的。

4. 促销策略

新媒体文案人员要考虑怎样在不同的阶段实现用户增长，是原创爆款、互推合作还是花钱做推广。通常来说，新账号想做用户积累是必须要做原创的。

（五）调整优化

最初确定的品牌定位只是起点，定位需要在实践中持续迭代。这不是品牌定位改变的过程，而是深化和细化的过程。如××账号开始只是定位于年轻人，但不清楚是对哪些内容感兴趣的年轻人，在实践中才将目标用户聚焦为对电影、漫画、书籍感兴趣的年轻人。

课堂讨论

你关注的微信订阅号有哪些？它们的运营目标分别是什么？

二、明确文案写作目的

（一）确定写作目标

新媒体文案人员在写内容时首先要确定写作目标，即希望所写的内容达到什么效果。通常来讲，写作目标可以分为四类。

1. 自我讲述

围绕个人兴趣进行观察、评论。比如“六神磊磊读金庸”“高矮胖瘦一家人”等。

2. 品牌推广

重在树立品牌形象、打造品牌价值。在主题选择、标题拟定、文案排版等方面的标准，要立足于品牌定位的需要。

3. 消息传达

消息传达常见的类型有时政评论、行业分析、垂直领域资讯等。

4. 产品营销

发布一些营销类软文，提高产品销量。

课堂讨论

请赏析新媒体文案优秀案例《凌晨，护士给自己孩子测核酸，孩子：谢谢阿姨……》，分析该新媒体文案的写作目的是什么。

凌晨，护士给自己孩子测核酸，孩子：谢谢阿姨……

新华社，2020-12-12 20:03 发表于北京

11 日凌晨
余娟为两名小朋友
采集完咽拭子后
听到对方稚嫩的声音
向自己表达感谢和鼓励

而面前的这两个小娃娃
正是她的一对儿女
……

余娟（穿防护服者）为自己的孩子做核酸检测。
她知道
穿着厚厚的防护服
戴着口罩、隔着面屏
孩子当然认不出自己

她也很欣慰
两个孩子在睡梦中被叫起
采集咽拭子时
没有哭闹
还主动跟自己说谢谢和加油

她更感动
70 多岁的老父亲
站在旁边认出了她
却没有慌乱
而是悄悄答应她
“女儿放心，
孩子们我会照顾好，

你安心工作。”

望着家人离开的背影
余娟双眼湿润了
但她很快就继续投入工作中

余娟是成都市郫都区
人民医院妇产科的护士
疫情突如其来

刚从病房护理工作中轮岗下来的她
又被紧急调配参与区里的核酸采集工作
丈夫魏星是同一所医院的医技人员
一直在科室参与核酸检测工作
夫妻二人在各自岗位上忙碌
却连电话都不能同时在线

但他们都深深知道
“没有大家，哪来小家”
这句话烙在他们心上
也烙在这座城中

“我们相信，
通过每一位医务人员的付出，
每一位志愿者的参与，
每一位市民的积极配合，
郫都区这座豆瓣之城会很快恢复生机。”

（二）做好文案选题

新媒体文案人员工作的出发点，应该就是生产优质内容并推荐给更多的人阅读。优质内容生产和传播的前提是要有好的选题。有好的选题意味着已经成功了一半。好的文案选题应该具备可读性、价值、信息增量和价值观四大典型特征。

1. 可读性

可读性是选题的卖点，即选题能够引起很多人的关注，并形成广泛传播。可读性由以下要素组成。

（1）时效性。从狭义上讲，时效性是指新闻发生的时间距离。从广义上讲，时效性是指作者是否最早获取线索、进行价值判断，以及最早进入调研、写作和传播。在移动互联网占据主流阵地的今天，信息更新周期已经从日加速到秒，这也让选题的时效性变得更为重要。如，2023 年“五四”青年节来临之际，《人民日报》订阅号发出《习近平向全国广大青年致以节日的祝贺》。全文如下：

习近平向全国广大青年致以节日的祝贺

《人民日报》，2023-05-03 13:09 发表于北京

习近平给中国农业大学科技小院的学生回信强调

厚植爱农情怀练就兴农本领

在乡村振兴的大舞台上建功立业

中共中央总书记、国家主席、中央军委主席习近平近日给中国农业大学科技小院的同学们回信，提出殷切期望，并在“五四”青年节到来之际，向全国广大青年致以节日的祝贺。

习近平在回信中说，得知大家通过学校设立的科技小院，深入田间地头和村屯农家，在服务乡村振兴中解民生、治学问，我很欣慰。

习近平强调，你们在信中说，走进乡土中国深处，才深刻理解什么是实事求是、怎么去联系群众，青年人就要“自找苦吃”，说得很好。新时代中国青年就应该有这股精气神。党的二十大对建设农业强国作出部署，希望同学们志存高远、脚踏实地，把课堂学习和乡村实践紧密结合起来，厚植爱农情怀，练就兴农本领，在乡村振兴的大舞台上建功立业，为加快推进农业农村现代化、全面建设社会主义现代化国家贡献青春力量。

2009 年，中国农业大学在河北省曲周县探索成立科技小院，把农业专业学位研究生派驻到农业生产一线，在完成知识、理论学习的基础上，研究解决农业农村发展中的实际问题，培养农业高层次人才，服务农业农村现代化建设。目前，该校已在全国 24 个省区市的 91 个县市区旗建立了 139 个科技小院。近日，中国农业大学科技小院的学生代表给习近平总书记写信，汇报他们的收获和体会，表达了为农业强国建设作贡献的坚定决心。

（2）贴近性。选题所关注的事件要影响到受众的生活甚至生命。小到水电煤气、衣食住行，大到国家重大事件，都和受众有密切关系。比如修养提升类选题《让自己保持优秀的 5 个习惯》。

让自己保持优秀的 5 个习惯

《人民日报》，2023-02-13 22:04 发表于北京

树立有意义的目标

比起着急赶路，更重要的是先做好充足的准备，制订好缜密的计划。一个目标清晰的人，在前进的路上往往不会迷失方向。

试试给自己设定一个有意义且实际的目标吧。找准目标，踏踏实实地做好眼前的事，剩下的交给时间就好。

保持好奇心

生活处处皆学问，很多时候，推动你前进的正是你的好奇心。凡事多问几个

为什么，也许一个不经意间，就能收获巧思，创造出更多的可能性。

多了解、多接触新事物。不要总是怀有偏见，更不要盲目抗拒。因为当你拒绝的时候，你放弃的可能不是一件事，而是通往崭新生活的一扇门。

突破思维定式

越是优秀的人，越有危机意识，越懂得突破固有的思维，接受新的挑战。

在发现自己的思维存在局限性后，你可以投入更多的时间读书学习，了解最新的资讯。当你的眼界越来越开阔，解决问题的能力也会越来越强。

能够掌控情绪

生活中，我们偶尔会产生负面情绪，但重要的是，我们如何面对这些负面情绪，是逃避、放任，还是主动消化、掌控。

想发脾气的时候，不妨试试停顿 1 分钟不说话，把自己置身事外来看待这件事，或许会淡然得多。情绪稳了，人生也就顺了。

多和优秀的人在一起

近朱者赤，近墨者黑。我们选择跟什么样的人在一起，就会越来越接近什么样的人。

你想在工作上有所收获，就要与那些事业心强、拼搏向上的人为伍；你想有阳光的心态，就要经常与那些微笑面对生活、积极乐观的人交往。多和优秀的人在一起，自己也会越来越优秀。

（3）冲突性。一般情况下，文案中出现的冲突越激烈，越容易吸引受众的眼球。冲突包括人与人之间的冲突、人与环境的冲突、价值观的冲突等。比如，中央政法委官方账号“长安剑”中的一篇文案《恐怖分子把匕首插进武警战士的嘴里时，这位武警开了枪》，因为冲突非常激烈，阅读量也自然飙升。另外，还有揭露社会招聘出现问题的选题，如《人民日报》官方微信号中的文案《月薪 2 500 招临时工，还要研究生学历？官方回应来了……》。

月薪 2 500 招临时工，还要研究生学历？官方回应来了

《人民日报》，2018-07-19 17:39 发表于北京

近日，陕西神木市招聘公益性岗位协管员“需研究生学历，月薪 2 500 元”，事件引发舆论关注。

7 月 19 日上午，神木市官方发布情况说明并致歉。

神木市公益性岗位协管员招聘领导小组办公室在发布的情况说明中表示，今年 6 月 29 日，神木市政府第 6 次常务会议研究了市人社局提交的《关于招聘部分公益性岗位协管员的提案》。会议原则同意招聘生态协管员 30 名，经济工作协管员 70 名。

据了解，神木市考虑到仍有部分研究生尚未就业，当时会议确定神木市户籍的全日制研究生可免试聘用，不足名额再在全日制大学毕业生中考试招聘。当地表示，在具体实施过程中，因部分研究生无法联系，招聘领导小组办公室于 2018 年 7 月

17 日发布了公告，以提高知晓率，按计划根据研究生报名情况再行组织考试招聘。

“在发布公告时，未将招聘条件、步骤等表述完整，引发广大网友关注。”神木市在情况说明中称，“对此，我们表示诚恳的歉意，感谢媒体和网友对此项工作的关心。”

神木市公益性岗位协管员招聘领导小组办公室表示，针对存在的问题，将会认真自查，全面整改。

早前报道：

7 月 17 日，陕西神木市公益性岗位协管员领导小组办公室发布一则招聘公告，公告称该市决定招聘 100 名协管员（属临时用工），需研究生学历，聘用期三年。

相比要求较高的应聘条件，该招聘给出的待遇着实一般，月薪 2 500 元，用工形式为劳务派遣。公告显示，所聘人员身份为公益性岗位协管员（属临时用工），纳入市内公益性岗位协管员考核管理。

该公告称，“根据工作需要，经市政府常务会研究，决定在我市全日制研究生中招聘部分公益性岗位协管员。其中，招聘生态环境协管员 30 名，招聘经济工作协管员 70 名。应聘者须具有神木市户籍，年龄在 35 周岁以下，并须具有硕士及以上学历。”

所聘人员须与指定的人力资源公司签订聘用合同，聘用期暂定为 3 年（其中试用期为 6 个月）。聘用期满，根据考核情况及工作需要决定是否续聘。所聘人员岗位工资暂定为每月每人 2 500 元，代缴养老、医疗、生育、工伤、失业各项社会保险费。岗位工资及社会保险费由市财政全额预算，人力资源公司代发代缴。

对陕西神木官方的回应，你怎么看？

大家关心的问题，是否解释清楚了？

（4）情感共鸣。选题中的情感元素能够引起受众共鸣。特别是一些涉及老人、儿童及其他弱势群体的选题，关注度较高。比如文案《什么是文化？这是我听过的最好的回答》。

什么是文化？这是我听过的最好的回答

《河北日报》，2020-09-23 23:39 发表于河北

“一个人有没有文化，并非看他的学历有多高。

有学历的人，不一定有文化；没学历的人，不一定没文化。

读很多书，拥有很高的文凭，和有没有文化，有时完全是两码事。”

五一，路上遇到一位流浪歌手，歌手唱得很好听，一曲过后，很多人走过去，随手把零钱扔进了那歌手的帽子里，但接着，一位女士的举动让人大吃一惊。

她走到帽子跟前，慢慢蹲下身子，轻轻将两个硬币放进了帽子里，并微笑着向流浪歌手点头示意。

有文化，不在乎有没有念过很多书。但这一刻：许多人都输她太多。

一次，一人跟着老总去谈业务，午餐时便在酒店点了一桌菜。

吃饭中途，服务生端上一道特色菜，老总礼貌地说：“谢谢，我们不需要菜了。”

服务生解释：“这道菜是免费赠送的。”

老总依然笑着回答：“免费的我们也不要了，吃不了，很浪费。”

饭毕，老总将吃剩的菜打了包。

回公司途中，老总将车子开得很慢，好像在打量什么。

正纳闷时，老总把车停了下来，拿起打包的食物，下车走到一位乞巧跟前，双手递了过去。

什么是文化？这就是文化。文化就是根植于内心的修养。

在报纸上看过另一个故事。

周末，侄儿跟着一朋友去捕鱼。每撒下一网，总有收获。

可每次网拉上来后，那人总要挑拣一番，然后将其中大部分虾蟹扔回大海。

他侄儿不解：“好不容易打上来，为啥扔回去？”

那人回答：“符合规定尺寸的鱼虾才可以捕捞。”

他侄儿说：“远在公海，谁也管不着你呀！”

那人淡淡一笑：“不是什么都要别人来提醒、督促的。”

什么是文化？这就是文化。文化就是无须提醒的自觉。

有这样一个人，他教导他的弟子，打碎了玻璃制品，要把碎片装入垃圾袋，并用笔在上面写道：“里面是玻璃碎片，危险！”

这样，捡垃圾的人就不会划伤手指。

喝饮料之后的矿泉水瓶子，也倒空拧紧，这样方便废品回收者的收集。

你问我什么是文化？这就是文化。文化就是为别人着想的善良。

戏剧家夏衍临终前，痛得十分难受。

秘书说：“我去叫大夫。”

正在他开门欲出时，夏衍睁开眼睛，艰难地说了一句：“不是叫，是请。”

随后昏迷过去，再也没有醒来。

“不是叫，是请。”夏老改动一个字，却感动了一幢楼。

这才是真正有文化的人。

一个真正的文化人，不在于他读过多少书，上过什么学校，而是应具备四种素养：

根植于内心的修养；

无须提醒的自觉；

以约束为前提的自由；

为别人着想的善良。

很多时候，文化是一种隐性的存在，是一种人生的准则。它也许看不到，但很重要。

它会让你思想更丰盛、选择更高级、做事更自主、生活更充满情趣，这些都是对自己的好处。

愿我们保持谦逊，继续学习，让自己的内在力量更强大。

（5）名人效应。选题中涉及的主人公知名度越高，传播效果也就越好。比如，爱岗敬业选题中的《这封信让董卿当场落泪！ 96 岁泰斗仍每周 3 台手术，网友也哭了》。

（6）神秘性。未知比已知更容易传播，选题中的神秘效应是文案广泛传播的一个重要条件。比如公益活动宣传中的《我们把一箱硬币放在广州街头，供路人自取，结果出乎意料……》。

（7）趣味性。有趣的选题在休闲时间投放，也能激发受众的兴趣。“视知 TV”推出的动画片《三分钟看懂中国官员级别》，就把一个严肃的政治话题变得轻松活泼，获得 10 万多的点击率。

2. 价值

仅仅追逐选题的卖点，容易陷入“负面扎堆”的选题环境中。所以，我们必须同时强调选题的价值，即强调一篇文案发出去后影响了多少人、影响了什么样的人、影响到什么程度。

3. 信息增量

信息增量是文案给受众提供的“欲知”“应知”“未知”的内容。换言之，是不重复其他新媒体平台已经发布的信息，不说正确的废话。提供信息增量，主要体现在以下两个方面。

（1）角度。

角度是对同一事件的不同看法。新媒体是一个充分体现作者个性的平台，独到的视角尤为重要。在当下的新媒体环境中，每个媒体都在寻找自己的性格和特色，有独特调性的媒体更容易吸引读者的眼球。“小切口、大主题”，新媒体文案人员经常选择意料之外、情理之中的角度进行文案写作，久而久之将会形成自己的品牌。

（2）深度。

我们处于一个知识过载的时代，大家可以通过各种手段获取自己所需的资料，不过大家又都容易犯懒，如果新媒体文案人员可以提供深入的观点，提供知识增量，就会有更多的读者停留在其平台上。

每一篇文案，都要争取把所报道的事件上升到一定高度，提炼概念，并分析规律、趋势以及解决方案等，形成所谓的“述”“论”“道”三个层次。

4. 价值观

新媒体文案的选题要传递正确的价值观，不能为了点击率制造虚假信息、散布谣言、发布低俗信息等。

好选题的判定维度有哪些呢？请扫码观看微课“好选题的判定维度”。

好选题的判定维度

三、列出文案创意简报

列出文案创意简报是新媒体文案写作的重点，它主要明确以下三点。

（一）对谁说

“对谁说”是进行目标人群分析，明确哪些人是潜在的消费者，这些人具备什么特征，具体包括他们的文化因素、家庭地位、社会角色、职业、年龄、经济环境、个性、爱好、价值观、购买产品的动机等。这些特征越具体，目标人群的定位就越清晰，新媒体文案写作就越有针对性，传播效果也就越好。

（二）说什么

“说什么”是新媒体文案写作的核心。在这个过程中，新媒体文案人员要借助 SWOT 分析法、思维导图等工具，与竞争对手对比、与自己以前的产品对比，挖掘产品的卖点；同时要通过头脑风暴、线上线下调研等方式，找到最恰当的卖点呈现方式去说服、感染目标受众，使他们信任自己推出的产品、服务或者品牌，同时能够记住并广泛传播或者发起购买行动。

通过“对谁说”和“说什么”，找到客户痛点、痒点、兴奋点与产品卖点之间的对应关系，这就做好了文案策划的一大半工作。

（三）在哪儿说

“在哪儿说”是根据受众特征和需求、说的内容和方式选择恰当的平台，在合适的时间进行发布。

课堂讨论

如果要向受众宣传健康类的知识，你怎么列文案创意简报？

四、输出文案创意

在明确了文案写作目的、目标人群和发文平台后，新媒体文案人员提出具体的写作思路，并进行分析和修改。在此基础上，完成文案的创作工作。

五、做好文案复盘

复盘是对已做过的工作内容再次进行梳理、总结。文案复盘时，新媒体文案人员可以通过新媒体平台数据、目标人群反馈等方式，掌握传播效果，调整下一篇文章的写作思路。

想了解更多文案策划知识，请扫码观看微课“文案策划三步走”。

文案策划三步走

课后练习

1. 请阅读新媒体文案优秀案例《史洁同学，好样的！》，分析这篇文案的目标受众是哪些人、要解决的是什么问题。大家可以尝试列出这篇文章的写作思路。

史洁同学，好样的！

《人民日报》，2023-02-13 19:36 发表于北京

“下面紧急播报
在场若有医生
请速与身边乘务员联系
站台处有旅客发病
急需帮助……”

近日，江西南昌火车站的一条广播
让一位女孩停下了匆忙的脚步

史洁是江西中医药大学
针灸推拿学院的学生
也是丰城市中医院的实习医生
2月3日，她从山西返回江西丰城
转车途中听见广播
便立刻表明实习医生身份
跟着工作人员去了站台

站台处的发病女孩
面色发白、四肢颤抖
口角流涎、吐字不清
史洁向其父母简单问询后
了解到女孩无癫痫病史
且较长时间未进食
考虑此为低血糖引起的症状

经乘务员、受救女孩父母同意
史洁用随身携带的针灸用具
给发病女孩扎了合谷穴、水沟穴
缓解她的痉挛和眩晕
下针后，女孩的症状马上得到好转

女孩稍微清醒后
告诉史洁头晕且头后颈项部很紧
史洁又下针扎了印堂穴、百会穴
来缓解头晕和意识不清
四针下去，女孩症状明显好转

施针后
史洁还给了女孩一块巧克力
并陪她待了20分钟
在叮嘱女孩注意事项后
史洁匆匆拿上行李
踏上了回丰城的路途

“当时想着能帮就帮
只希望她平安就好”
事后，史洁说道

史洁初中时爱看武侠小说
看着主人公们
乐善好施、匡扶正义
便在心间埋下了一颗
不为名利、行侠仗义的种子

高中毕业后
史洁本想报考警校
却由于身体素质原因无缘报考
她想着，既然无法穿上警服
“那就穿一身白衣救死扶伤”
于是坚定地选择了医学

“一点也不感到意外
她在平时的实习中就很认真”
说起史洁火车站救人的举动
她的带教杨鼎武医生
一点也不惊讶

“这是一场真正的考试
当突发急症需要帮助时
史洁同学以实际行动践行了
‘大医精诚’的誓言”

史洁同学，好样的
为你点赞！

2. 请自学微课“这三步决定了文案写作的质量”，用思维导图列出微课中的观点。

这三步决定了文案写作的质量

任务二　掌握新媒体文案创意思考方法

情境导入

经过这段时间的学习，王诚知道了在文案写作准备阶段，重要的是分析受众痛点、痒点和兴奋点，找到自己产品卖点与受众需求的契合点，用创意思考方式去呈现。写文案要有创意，那么，创意思考有没有规律可循呢？这是王诚需要进一步挖掘的问题。

课前思考

如果用一分钟时间为一位任课教师做宣传，受众是自己的师弟和师妹，你会选择哪位老师，从哪些角度对该老师进行宣传？请大家展开头脑风暴，多角度思考。

新媒体文案需要有创意的发散思考，也需要有逻辑、有条理的输出呈现。本任务是阐述新媒体文案创意思考方法，包括发散思维树状图、创意表格思考法、元素组合法。

一、发散思维树状图

课堂讨论

1. 由“美白”这个词，你能联想到什么？想到的内容越多越好。
2. 看到图 3-1，你能想到什么？想到的内容越多越好。

图 3-1　发散思维讨论图

在新媒体文案策划过程中，可以通过发散思维树状图来完成卖点提炼。

发散思维树状图适合在确定的信息上进行无限的发散创意，以确定卖点，然后做出更好的表述。比如，农夫山泉水的卖点是“天然水源”，文案小组人员对“天然水源”这个卖点进行发散联想。“天然水源”这个卖点就像是树的主干，而“绿色”“大自然”“水更好喝”等联想相当于树的主要枝干，每个枝干上还可以进一步开枝散叶，在每一个元素的基础上进一步联想，可以发散出无数个关键词，最后在这个树状图上选择一个最能打动用户的点进行提炼。

二、创意表格思考法

课堂讨论

一家饮料公司要开发新产品，如果你是该公司研发部人员，你会提出怎样的饮料开发建议呢？

通常的思考方法就是随机将口味进行组合，如牛奶＋蓝莓，或者将口味与形状进行组合，如苹果＋三角形等，这样得出的结果比较随机，会漏掉一些组合元素。如果运用创意表格思考法，将不同维度进行穷尽列举，就可以获得无穷的创意结果。

表 3-1 是“创意饼干创意表格思考法”的思考结果，将口味、结构、造型、颜色等维度分别列举，不同维度进行排列组合，就可以获得无穷尽的创意结果。

表 3-1 创意饼干创意表格思考法

序号	口味	结构	造型	颜色	……
1	牛奶	单层（厚）	人的造型	红	……
2	巧克力	单层（薄）	生活用品的造型	黄	……
3	柠檬	夹心（厚）	植物的造型	橙	……
4	西瓜	夹心（薄）	动物的造型	绿	……
……	……	……	……	……	……

使用创意表格思考法具体有三步：

（1）从现有的产品中抽象出分解问题的维度。如从现有市场中发现饼干有不同的口味，如牛奶味、蓝莓味等，把这些事项概括成一个维度——口味。

（2）对每个维度尽可能进一步细分。如将口味进一步细分，除了牛奶、巧克力、草莓等常见的口味外，还可以列举出其他不常见的口味。

（3）对不同维度建立不同的组合。如将口味维度的“苹果”与结构维度的“夹心（薄）”和造型维度的“动物造型”相结合，就成为一款苹果味的不同动物造型的夹心薄饼干。

三、元素组合法

铅笔曾经是没有橡皮头的，但是当美国画家李普曼用铁皮将橡皮和铅笔连接到一起后，这样一个小创意就给他带来了 RABAR 铅笔公司的 50 万美元专利费，而此后千万人受惠于此。

不同元素的组合常常能带来意想不到的创意。如“耳机＋录音机”就成了随身听，将漏斗和眼镜组合可以做成滴眼药水的装置。

新媒体文案的创意也同样可以运用这样的思维方式，如将“钞票”“雨”和“孩子”结合，就有了《小区突然下起钞票雨！这时，一群孩子路过……》这样的文案。

小区突然下起钞票雨！这时，一群孩子路过……

新华社，2020-09-24 17:22 发表于北京

天上掉钞票
这种大家曾幻想过的场景
近日在贵州仁怀一小区
真实上演

在该小区楼下
一张张红色钞票从天而降
这样的“钞票雨”
引起人们围观

市民介绍
早上就有零星钞票飘落
下午刮大风时
掉下来的钞票更多了

正巧一群小学生路过现场
他们开始争相捡钞票
等民警赶到时
孩子们把钞票交到了民警手里

最终民警确认
是楼上一住户
清点完钞票后忘记关窗
大风把钞票刮了下来
目前钞票已交还给失主

小朋友们的行为
也让网友排队点赞

课后练习

如果要写一篇主题为“绿色发展”的新媒体文案，发表在农林局订阅号，你将从哪些角度进行策划。请同学们根据上述要求，开展头脑风暴，画出对应的思维导图。

任务背景：湛江红树林国家级自然保护区是我国红树林面积最大、分布最集

中的自然保护区。2023 年 4 月，习近平总书记在广东考察期间，来到位于保护区东部的麻章区湖光镇金牛岛红树林片区，察看红树林长势和周边生态环境。他强调，这片红树林是“国宝”，要像爱护眼睛一样守护好。加强海洋生态文明建设，是生态文明建设的重要组成部分。要坚持绿色发展，一代接着一代干，久久为功，建设美丽中国，为保护好“地球村”作出中国贡献。

任务三　掌握新媒体文案创意内容输出方法

情境导入

易读性是新媒体文案写作的基本要求。所以，明确写作创意后，紧跟着就要找到创意内容输出的方法。有哪些方法可以深入浅出呈现创意思路，吸引受众阅读呢？带着这个问题，王诚做了进一步探索。

课前思考

请阅读下列素材，思考应如何表达，语义才会更加清晰。

A 来电话说他不能参加下午 3 点的会议了。

B 说，他不介意晚一点开会，明天开也可以，但明天 10:30 以前不行。

C 的秘书说，C 明天晚些时候才能从 D 处赶回来。

会议室明天已经有人预订了，星期四可以预订。会议时间定在星期四上午 11 点似乎比较适合，您看行吗？

一、金字塔原理

一般来说，文案创作者的感性思维和发散思维要强一些，这样容易出创意。但是在文案创意输出的时候要用到逻辑思维，如果逻辑思维不清晰，会导致读者看不懂这个文案到底讲了什么。我们可以用金字塔原理（如图 3-2 所示）来输出文案创意。运用金字塔原理进行写作，最大的好处就是让受众快速掌握作者的写作意图和写作核心，满足互联网时代受众快速阅读的需要。

（一）金字塔原理使用原则

（1）结论先行。只有一个中心思想，放在最开头。

（2）以上统下。上对下总结概括，下对上解释支持。

（3）归类分组。把具有共同点的思想归类分组。

（4）逻辑递进。按照时间、空间或者事情重要次序组织素材。

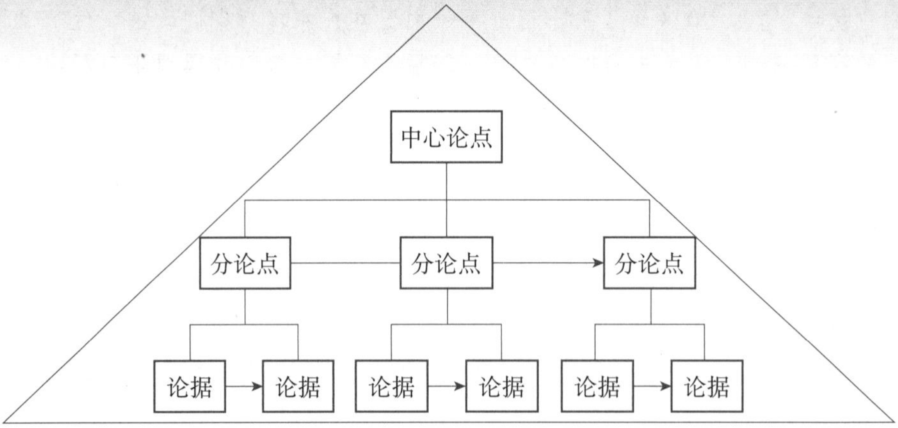

图 3–2　金字塔原理

（二）金字塔原理运用举例

运用金字塔原理进行写作创意输出，应时刻记住内容为王的道理。即，要在输出的内容方面形成逻辑关系，而不是简单地画一张金字塔格式图。举例如下。

修改前思路如图 3-3 所示。

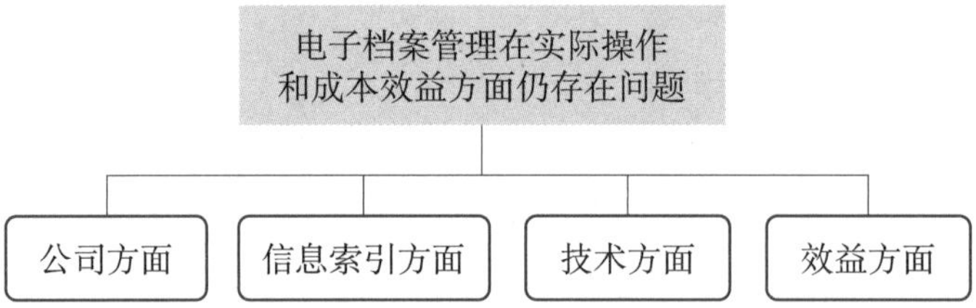

图 3–3　修改前思路

这是电子档案管理方面的一篇推文。修改之前：标题“电子档案管理在实际操作和成本效益方面仍存在问题”，没有体现主题思想。支撑标题的 4 个方面解释，即公司方面、信息索引方面、技术方面、效益方面，没有形成并列或者递进关系。这只是画了一张金字塔格式图。

修改后思路如图 3-4 所示。

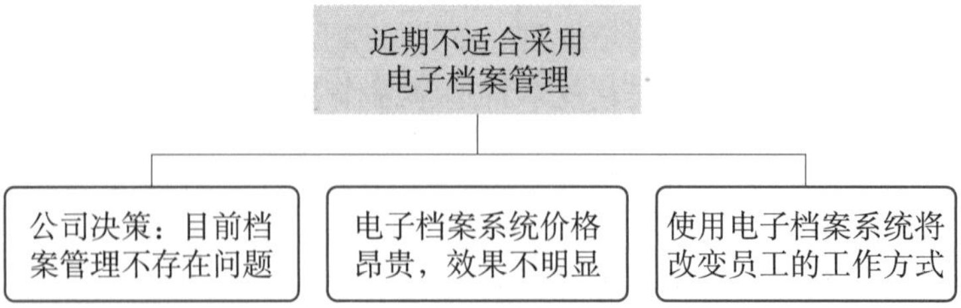

图 3–4　修改后思路

用金字塔原理修改后，标题变成：“近期不适合采用电子档案管理”，这就有了中心思想；正文用三个论点进行支撑。分别是：目前档案管理不存在问题；电子档案系统价格昂贵，效果不明显；使用电子档案系统将改变员工的工作方式。分别从公司决策、电子档案系统价格和使用电子档案安全隐患共三个方面进行阐述，形成内容上的递进关系，非常清晰地向受众展示出作者的思想。该例所示为金字塔原理的有效运用。

课堂讨论

请用金字塔原理重新表达。

素材：本次发布会拟邀请的 A 嘉宾在 8 月 18 日没有档期，他表示在 8 月 22 日到月底之间都可以参加会议并发表演讲。B 嘉宾目前在国外，要 8 月 24 日才回国。目前会议场地的预订只有 8 月 25 日和 8 月 27 日才有档期。考虑到 8 月 27 日是星期六，非工作日会影响媒体记者的参会率。所以，建议发布会安排在 8 月 25 日。

以上任务拆解，请扫码观看微课“金字塔原理运用”。

金字塔原理运用

二、SCQA 故事框架

SCQA 故事框架是讲故事的常用思路。

S 即 Situation，是指故事背景。新媒体文案人员要在背景中构建一个稳定场景，让人产生代入感。

C 即 Complication，是指故事冲突。要扰乱稳定的状态，让读者意识到问题的存在。

Q 即 Question，是指提问，通过提问产生转折，引起不安定感。

A 即 Answer，是指解决提出的问题，让论述有头有尾。

通过搭建上述框架，故事感就出来了。

在 SCQA 故事框架中，冲突（C）是核心要素。围绕这个核心要素，我们可以灵活地调整 S、C、Q、A 的顺序，从而产生不同的表达效果。我们用常规的方法尝试一下：

S（故事背景）我们都知道，切洋葱容易流泪，所以我闭眼切洋葱。

C（故事冲突）但我还是流泪了。

Q（提问）到底怎么回事?

A（解决问题）我切到手了。

SCQA 故事框架中的各要素可以灵活组合。但是，组合顺序不同，故事讲述的侧重点就不一样。用一个案例拆解如下：

李强目前在企业负责连锁超市门店拓展工作，随着企业的快速发展，连锁门店越来越多，对于资金的需求越来越大，资金限制几乎成为企业发展的最大瓶颈。为此，他特意制作了一个门店资金解决方案，准备呈报给老板。开场白有以下几种方案：

方案一：SCQA 常规思路

S（故事背景）企业近年来发展速度快，连锁门店逐年增加。

C（故事冲突）与此同时，企业资金缺口日益明显，已然成为企业快速发展的主要瓶颈。

Q（提问）如何拓展资金来源，降低门店成本，提高资金使用率，这些都是解决资金缺口的关键问题。

A（回答）为此，我制作了门店资金解决方案，以解决资金缺口过大的问题。

方案二：SCA 结构

提问常常可以省略。这种方式比较常用。具体如下：

S（故事背景）企业近年来发展速度快，连锁门店逐年增加。

C（故事冲突）与此同时，企业资金缺口日益明显，已然成为企业快速发展的主要瓶颈。

A（回答）为此，我制作了门店资金解决方案，以解决资金缺口过大的问题。

方案三：ASC 结构

如果李强想直接打开话题，那么他可以按照 ASC 的结构进行写作，把回答放在第一句，开门见山式的表达会显得简洁有力。

A（回答）我制作了门店资金解决方案，以解决资金缺口过大的问题。

S（故事背景）虽然企业近年来发展速度快，连锁门店逐年增加。

C（故事冲突）但同时，企业资金缺口日益明显，目前成为企业快速发展的主要瓶颈。

方案四：CSA 结构

如果李强想要表达忧虑的情绪，强调变革的重要性，那么他可以按照 CSA 的结构写作，把冲突放在开头。

C（故事冲突）近年来，企业资金缺口日益明显，目前成为企业快速发展的主要瓶颈，这种情况让我沮丧。

S（故事背景）毕竟，在过去的几年中，企业发展速度一直很快，连锁门店逐年增加，大家对企业的未来都有所期待。

A（回答）我们都希望企业保持良好的发展势头，我也希望能在这个关键时刻为企业出谋划策。因此，我制作了这份门店资金解决方案，以解决发展瓶颈问题。

方案五：QSCA 结构

如果李强想突出信心，就会把疑问 Q 放在开头，引出冲突和背景，然后给出正面回答。

Q（提问）如何拓展资金来源，降低门店成本，提高资金使用率，这些都是解决资金缺口的关键问题。

S（故事背景）企业近年来发展速度快，连锁门店逐年增加。

C（故事冲突）与此同时，企业资金缺口日益明显，已经成为企业快速发展的主要瓶颈。

A（回答）为此，我制作了门店资金解决方案，以解决资金缺口过大的问题。

课后练习

请用金字塔原理修改下面两篇文稿，力求做到表述清晰、简洁。

文稿 1

基本上，黄金周期间，各地的道路和景点都是人满为患，常常拥挤。因此，我不会特意选这个时期出游，今年也是如此。在放假期间，读读那本因工作繁忙而搁置的书。还想去附近的公园走一走，和好久没见的朋友们聚一聚。

文稿 2

写作目标：向新人推荐××马拉松比赛

正文素材：

××马拉松是什么？它是每年 12 月在××市举行的马拉松比赛。

有多少人参加？每年有 2 万～3 万人参加。

推荐给新人的理由 1：它没有完赛时间限制，被称为“世界上最自由的市民马拉松大会”。

推荐给新人的理由 2：沿途风景很棒，跑起来让你身心放松。

推荐给新人的理由 3：年满 7 岁，且身体健康的人都可以参加。

完赛时间无限制是好事吗？理由 1：对于初次参赛的人来说，完赛时间限制会给他们非常大的不安和压力。没有完赛时间限制，就能轻松参赛。

完赛时间无限制是好事吗？理由 2：如果没有完赛时间限制，跑完全程的比例将会提高。根据统计，这个马拉松的完跑率是 95%。

完赛时间无限制是好事吗？理由 3：跑累了便可以走，甚至有人花 10 多个小时跑完全程。

具体任务拆解，请扫码观看微课“作业分析：如何做到简洁表达”。

作业分析：如何做到简洁表达

综合训练

1. 创意实训题。

请列创意简报。简报主题：善良；发文平台：抖音；发文篇数：5 篇；发文要求：善良主题，系列短视频。

2. 文案赏析题。

（1）短视频文案赏析。请关注“高矮胖瘦一家人”视频号，观看其中 5 个短视频。思考其文案创意角度和文案呈现技巧。

（2）微信文案赏析。请阅读下面这则文案，思考其创意构思。同时，分析其标题与正文的呈现技巧。

高校教授上课 26 年没 PPT？原因令人敬佩！

《人民日报》，2022-10-13 17:03 发表于北京

没有 PPT，也没有书和讲义
指尖紧捏的三寸粉笔
是黄方林教授最得力的教具

近日
中南大学土木工程学院
力学系教授黄方林
“坚持 26 年手写板书”
引来不少网友点赞

从 1996 年
于原长沙铁道学院机电工程学院任教
到如今成为中南大学力学系教授
黄方林先后讲授过
包括“结构力学”“弹性力学”“弹塑性力学”在内的
十几门与力学相关的课程
二十几年的教学经历
让黄方林对每门课程、每本教材
都有了自己的感悟
并逐渐形成了自己的教学风格

有学生表示
“黄老师上课从不带教材，不用 PPT
全部采用板书授课
比如弹性力学
他能记住课本中的所有公式
每次上课都能一步一步推导”

力学理论抽象，公式繁杂
是一门让不少学生头疼的大学科

黄方林自信地说
“所有的公式和例题都在我的脑子里”
用 PPT 上课会不自觉念 PPT
而公式只有通过

一步步抽丝剥茧般的推导
才能让学生了解其中的奥妙

疫情期间
黄方林到空教室开展线上教学
面对着空无一人的教室
他依旧坚持手写板书
为本科生录完了
整学期的结构力学课程
学生们纷纷为黄老师点赞

对于每一届的
硕士、博士研究生
黄方林一定会带他们去实地锻炼
“土木工程着重培养的是应用型人才
因此力学的教学
也必须要与工程实际相结合
而不能够成为空中楼阁”

有一次，黄方林教授
带学生去四川一个工地
几十米高的塔吊，他第一个爬了上去
“你不上，你要学生去做
是没有说服力的”

“学问学问，就要边学边问”
“没有问题的学生不是好学生”
这是黄方林总挂在嘴边的几句话

每到期末
他总会及时组织学生答疑活动
他认为，会问、敢问
是让学生能够受益一生的能力

三尺讲台，四季耕耘
一支粉笔，半生光阴
为黄方林教授点赞！

项目四

新媒体文案写作技巧

项目综述

新媒体文案写作技巧的理论基础是新媒体文案写作思维，新媒体文案写作技巧是写作思维的具体呈现形式。在学习这个项目的时候，请同学们牢记：任何技巧，用的人多了就不再有新意；大家在学习技巧的同时，要进行应用和创新发挥，只有不断超越技巧，才能写出更有创意的文案。

学习目标

知识目标

1. 列举新媒体文案标题的写作技巧。
2. 掌握新媒体文案正文的写作技巧。

能力目标

1. 能够灵活运用新媒体文案标题写作技巧，写出有吸引力、契合正文内容的新媒体文案标题。
2. 能够运用新媒体文案正文写作技巧，撰写符合平台调性、满足受众诉求的新媒体文案正文。
3. 能够有效识别并杜绝标题党。

素养目标

1. 培养素材的提炼与概括能力，讲好中国故事。
2. 树立诚信、友善的写作价值观，传递真实、准确、积极的新媒体信息。

任务一　提炼新媒体文案标题写作技巧

情境导入

学习完新媒体文案写作思维以及内容输出思路后，王诚对新媒体文案写作理论核心有了清晰的了解。接下来的任务就是将新媒体文案的写作思维方式、内容输出思路运用到新媒体文案写作中。

标题在新媒体文案写作中占有重要地位，决定了文案给人的第一印象和读者的点击率。基于此，王诚决定先学习标题的写作技巧。

课前思考

以下几则标题中是否有你想要点击的标题？如果有，请标出来，并说明原因。

（1）我的数学是体育老师教的

（2）改变一个人，有时候一句话就够了

（3）这婚车，太酷了吧！

（4）最“孤独”新生火了！只录取一人，专业亮了

（5）查扣900吨！全是假的！很多人都网购吃过

（6）为什么嗑CP开心，看别人秀恩爱却不爽？

（7）致敬！抗美援朝老军人去世，骨灰中发现两枚弹头

（8）“蝴蝶结”女骑士，今天领证了！

（9）那个在山上找网的女孩，上大学了！

（10）教育部通知：计划支持这些大学教师读博！

文案大师罗伯特·布莱（Robert Bly）提出好标题的四大功能：吸引注意、筛选顾客、传递信息和吸引阅读下去。如佳洁士牙膏文案的标题为“帮助孩子击败蛀牙”，这句话直接引起有蛀牙孩子父母的关注，将想要购买防蛀牙、消灭蛀牙牙膏的父母从其他父母中筛选出来，并且吸引他们读下去，甚至产生购买欲望，这就达到了佳洁士牙膏文案的目的。

在信息爆炸的时代，标题就是要让人一秒钟看明白你在讲什么，否则，整篇文章就会被忽略掉。新媒体文案标题写作要击中用户的痛点、痒点和兴奋点，同时要具备真实和精彩的特征，这样才能提高阅读量。那么，新媒体文案标题拟写技巧和写作注意事项有哪些呢？

一、新媒体文案标题拟写底层逻辑

（一）与用户有关

要考虑用户身份，让写作与用户有关。用户的身份主要体现在性别、年龄、职业、教育、收入、阶层、生活方式和个性特点等。

举例：标题“25岁找工作找饭碗，30岁跳槽挑老板”比标题“和职场老板相处指南”更有吸引力；

标题“30岁之前学什么才能避免40岁失业”比标题“你的成功在下班后8小时”更有吸引力；

标题“月薪1万，如何在一线城市活出小资范儿？”比标题“一线城市省钱指南”更有吸引力。

课堂讨论

请比较下面两则标题，你认为哪一则标题阅读量会高？为什么？

标题 1，27 岁的他成为上海交大博导

标题 2，携手促振兴，更叙帮扶情

标题 3，每天完成这 3 件小事。一年实现写作逆袭！

（二）对用户有用

明确受众，清晰表达。对于不同受众，我们传递的信息会有所区别。比如，做文秘专业宣传，针对高考填报志愿的学生和大一新生，宣传内容和侧重点是不一样的。明确受众后，针对受众的痛点、痒点和兴奋点，选取对受众有用的标题，进行写作。

为用户提供方法、用权威吸引用户、节省时间、节省金钱、提供稀缺资源、创造从众等，都是对用户有用的法宝。

如，标题“10 小时 10 万人付费！网易凭什么又刷屏了？”比标题“网易知识付费为什么会刷屏”更有吸引力；

标题“2023 年开年第一课——××运营方法论（内附 ppt）”比标题“××运营干货方法论（新）”更有吸引力；

标题“5 个月追踪了 783 家创始公司，分析了 64.7 万条数据，我们发现了 10 个有趣现象”比标题“创业公司腾飞的 10 个有趣现象”更有吸引力。

卖点 + 收益点是打造“对我有用”标题的简单方法。如“持久水润，打造你的果冻唇”，这个标题的前半句“持久水润”是卖点，后半句“打造你的果冻唇”则是使用之后的收益点。这两部分加在一起，就是一个比较好的标题。受众扫一眼就知道，这个商品有什么功效，是不是自己需要的。

课堂讨论

请讨论“××品牌涂料，满足你的审美需求”是不是一个好标题。

（三）激发用户情绪

高强度的正面情绪和高强度的负面情绪能够激发用户点击、转发。通过人物和事件的刻画，宣扬主人公积极正面的情绪，引起用户的兴奋、羡慕、崇拜和自豪感等。如，“《战狼 2》是自嗨？现实告诉你，中国军人有多牛！”。

激发用户情绪的底层逻辑是制造对比。具体来说，分为两种类型。

1. 常态 + 非常态，形成对比，激发情绪

常态就是正常的事情、正常的情况，非常态就是不正常的事情、不正常的情况。比如××科技服饰公司，在推广其生产的运动服装的时候，取的标题是“谁说运动服就一

定丑？这件好看炸了”。人们对运动服认识的心理常态是，运动服不好看、不正式、难登大雅之堂。但是这个标题却说，现在有一件运动服，一点儿都不难看，好看爆了。通过常态与非常态对比，会激发用户的好奇心，能够吸引受众点击查看。

2. 之前 + 之后，形成对比，激发情绪

标题里呈现出使用某个商品或服务之前和之后的对比，让受众鲜明地感受到这个商品或者服务的功效。如，“用了××才知道，原来请个保姆还挺便宜的”。很显然，这个标题是为××服务产品打广告的。这个标题之所以能吸引大家，在于使用××产品前后的对比。

这里要注意的是，激发用户情绪时，尽量用正面描述。因为这样能体现对用户的尊重。例如，将“你的宝宝比人家笨，可能是因为你做了这三件事情”这个标题换成“为什么有的宝宝就是比别人聪明呢？因为他们的妈妈抓住了这三点”，阅读量就会高许多。所以，激发用户情绪时，首要考虑的是尊重用户。

三段式标题是激发情绪的有效方法。具体写作要求如下：第一，标题中必须有独立的短句；第二，每个短句独立描述一个事件且含义不同；第三，独立短句之间存在着因果、并列、递进等逻辑关系。如：“邻家妹妹写作月入万元，我写 2 年没赚 1 毛钱，掌握这个技巧立即变现 1 000 元”。

有些标题看上去像三段式标题，其实不然。如：“春天来了，万物苏醒，××市××5A 级旅游景点约你来玩”。“万树复苏”是对“春天来了”进行描述，并无实际意义，不符合“独立短句”的要求。三段式中的“独立短句”指的是，每个短句所描述的内容要独立，不能雷同。

课堂讨论

请讨论如何根据三段式标题思路，写一个三段式标题？

（四）替用户说话

作者在行文的时候，把自己想象成用户在跟他们的朋友说话。这样，当用户看到内容的时候，就会去传播。可以在标题中加入谈资和价值，表达观点、塑造形象等。

如“让人放心，是一个人最了不起的才华”“只有把自己先变强大，才能产生万有引力”。

二、新媒体文案标题写作小技巧

（一）具象表达

表达具体、有画面感的标题，更受用户青睐。例如，将标题“人工智能还要多久才能取代人类”改成“××说（本行业的名人），如果你的孩子准备学这五大专业，人工智能会让毕业后的他找不到工作”。我们把“人类”这个词具象化为“你的孩子”，“取代”这个词具象化为“他毕业后找不到工作”。这样，受众就会由智能技术爱好者扩展到普通大众中的一批人。

（二）紧跟热点

通过浏览各大媒体宣传热点、百度热搜指数、微博指数，关注当下发生的热点，选定角度进行写作。如“炫酷！《流浪地球 2》里的机甲原来不是特效”。这篇推文在电影《流浪地球 2》热播期间推出，发出的信号是中国企业制造的“外骨骼机器人”已经进入商用环节。

追热点时，一定要注意以下几点：

（1）有时间观念，抢占先机。有研究认为，最多 72 小时内，借势文案必须推出来。

（2）软性结合，不可生搬硬套。要借着热点让自己的内容和受众发生关系；尽量从热点的另外一个侧面发声，表达自己的观点，并且与自己所运营的新媒体账号的调性相符。

（3）传递积极正向的价值观。即使是负面的热点，也尽量从另外一个侧面，如解决方案等角度入手写标题，起到促进问题解决的作用。

（三）善用数据

数据能给受众直观、量化的感觉，同时也很有权威感和专业感。研究显示，标题中的数字用阿拉伯数字时，更能吸引受众眼球。如“4.82 秒！ 13 岁女孩打破鲁班锁世界纪录”就比“中国女孩打破鲁班锁世界纪录”更有震撼力。第二个不带有数字的标题属于一般标题，没有给受众造成直观感受，也缺少冲击力，阅读量会明显低于带有数字的标题。

（四）多用短句

比如，“这双被冻住的脚，看哭了……”“来了，新闻早班车”“早睡早起，是一件了不起的小事”“2022，幸好有你”“你的格局，决定结局”“人生低潮时，多做事，少抱怨”。

这些标题的相同点是语法简单，很多直接采用对话体。这类标题的诀窍在于，完全站在受众的角度，说他们的心里话，无须进行包装。其优势在于，受众在一眼看到标题时，心中都会出现一些想 @ 的人，这种心理对提高点击率，尤其是转发率非常有利。

新媒体文案标题写作技巧有很多，上述列举的是基本技巧。

不管有多少技巧，在新媒体写作拟写标题的时候一定要围绕标题拟写的底层逻辑。同时，写标题的时候，可以多个技巧并用。如“26 款 App 被下架！赶紧看看你的手机”，这个标题的底层逻辑是激发情绪，写作技巧是善用数据、多用短句。

课堂讨论

说说下面的标题用了哪些写作技巧，从而取得了较好的传播效果。

（1）神仙爱情！ 17 万网友秒变“柠檬精”

（2）83 岁时尚爷爷火了！网友：我还没老爷子会穿搭……

（3）小伙求助：急！有菌子专家吗？然后……

（4）肿瘤专家回乡过年，3 天接诊 50 位患者……

（5）你的孤独，微信最清楚

（6）谁是你爸都没用！

（7）处理复杂问题最高明的方式
（8）心疼！毒贩“狂飙”，辅警被拖行 30 多米……
（9）什么样的机会才值得冒险
（10）这只羊，拍出 98 800 元

三、新媒体文案标题写作注意事项

（一）不做“标题党”

1.“标题党”的定义

“标题党”是指标题不能准确表达文章的中心意图或重点，而是靠无中生有、夸大其词、断章取义、偷换概念等手段，制造各种颇具创意的标题，吸引受众眼球，骗取受众的点击。

2. 标题党的类型

（1）夸张、震惊类标题。

比如，情绪夸张类的标题，动不动就用“震惊了”；范围夸张类的标题，动不动就说“全世界网友”“14 亿中国人”“99% 的人”。

（2）挑衅、侮辱类标题。

在标题中，会出现类似这样的词：“丑哭了”“秒成渣”。

（3）封面和内文没关系类的标题。

比如，讲健康的订阅号，在标题封面中，放一张穿着裸露的人物照片。

3. 标题党的危害

标题党在赚足人们眼球的同时，也迅速透支着新媒体文案人员所运营平台的吸引力。“狼来了”的故事，在各大资讯头条也不断上演。浮夸、假大空的标题能够成功勾起受众一时的猎奇心理，但终究还是会失去市场的认同。受众认清了标题党新闻资讯的本质，便只会把这些当成一个笑话来看，自然也没人会点进去贡献浏览量。

（二）不断创新

标题写作没有固定模式，要不断突破创新。在新媒体时代，一切都变化太快，包括新媒体标题也在随着受众需求的变化而不断变化。新媒体文案人员在写作中不可拘泥于过去的思维定式，突破和创新才是最好的学习和写作方式。

（三）精准定位

不同的自媒体平台，如简书、豆瓣、微信、今日头条等，各有各的定位、属性和风格。多平台分发已经成为内容创作的大趋势，作者要根据不同的平台选定不同主题，拟定相应风格的标题，才可以达到较好的效果。

（四）不断优化

标题关系到点击量，是文章的门面。标题写得好，点击量就会上去。作为新媒体文案人员，在标题的拟定上不要偷懒。某知名自媒体创始人提到，他做自媒体账号的时候，每天亲自写标题，有些标题甚至要修改 100 次以上。所以在写标题的时候，要不停地修改，反复琢磨。

新媒体文案标题写作注意事项较多。欲知详情，请扫码观看微课“标题写作三大注意事项”。

标题写作三大注意事项

课后练习

请思考：为什么有些新媒体文案的标题越写越长？

思考完毕，请扫码观看微课“新媒体标题越写越长的原因”。

新媒体标题越写越长的原因

任务二　提炼新媒体文案正文写作技巧

情境导入

一般来说，标题决定着点击率，正文决定着转发和点赞数。标题写好了，正文中的故事应该怎么讲才能吸引受众看下去呢？这也是新媒体文案人员要特别关注的问题。接下来让我们与王诚一起来完成新媒体文案正文写作技巧的学习与练习。

课前思考

将“石头”“拖拉机”“饼干”“高跟鞋”“啤酒”这 5 个词连成一个有吸引力的故事，顺序可以变换。

一、新媒体文案正文第一部分写作技巧

新媒体文案正文的第一部分具有导入的功能，有效链接标题与正文的主体部分。新媒体文案正文第一部分写作有 4 个技巧，分别是：分析情绪、承上启下、加入利益和引起共鸣。

（一）分析标题中的情绪

在写第一句话之前，首先要分析标题给用户带去的情绪，然后用文字安抚对方的情绪。

比如，《高平，真架势！》当读者看到这个标题，会产生好奇。开头这样描述“这个地方，被誉为‘中国古建博物馆’。一处难求的国宝。这里有 22 个宋金时期的古建

筑。一个县级市，就比长江以南所有地区加起来还要多。这里是山西高平。一天，直通上下五千年，一眼，可抵万年。”

（二）用承接吸引读者

在标题中找到关键词，然后在开头围绕关键词着墨，让读者的思维能够顺畅地衔接上。比如：文案《这张照片，太！好！哭！了！》，当作者读完标题，会产生好奇，然后，作者迅速在第一段揭开谜底。见下文。

这张照片，太！好！哭！了！

新华网，2022-03-15 14:51 发表于北京

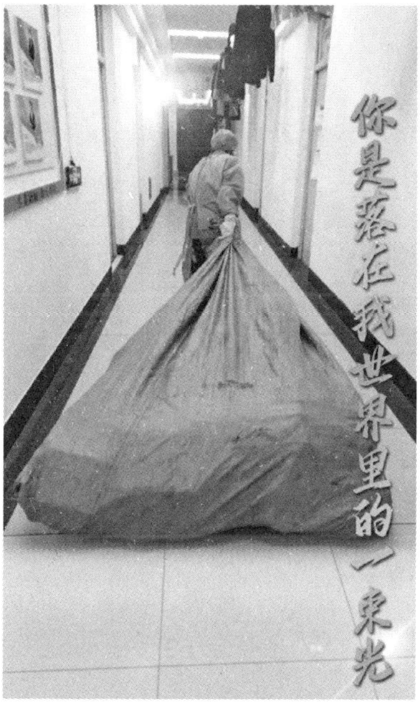

瘦小单薄的她

拖着一个大大的垃圾编织袋

向前

背后的垃圾袋

比她还要大很多很多

这张照片，刷屏了

也戳中了无数网友的心

照片里的人

是吉林大学中心校区

南苑四公寓的一名保洁员

她叫刘淑贤

今年62岁了

一个袋子装20多斤餐盒
6个袋子重达100多斤
……
用刘淑贤的话说
这个大垃圾袋能装下三个她自己
像这样的垃圾袋
从六楼到一楼
一阶一阶往下拖
一天要拖四次

特殊时期
保洁人员人手有限
凌晨也常看见她忙碌的身影

她说
“疫情特殊时期，
我要对这些孩子们更加好，
就像我的孙子孙女一样，
像我的家人一样，
孩子们的父母不在身边，
我得照顾好他们。”

她说
“我今年62岁，
身体还行，
计划再干两年，
把这届孩子们送毕业。”

你是落在我世界里的一束光
谢谢你
谢谢每一个默默付出的人

疫情形势严峻
东北又迎来降温降雪
吉林正在共克难关

我们都希望
疫情早日结束
我们也都盼望着
春暖花开那天的到来

（三）用利益吸引读者

开门见山，快速简洁地给读者提供价值。如：文案《你和真努力差了这几点》，第一自然段开门见山，“生活中的你，是否也会陷入一种‘假努力’的状态？明明忙得团团转，却不见成效。或许，你和真努力差了这几点。”接下来就告诉读者做到哪几点才算是真努力。

你和真努力差了这几点

《人民日报》，2022-03-14 21:34 发表于北京

生活中的你，是否也会陷入一种“假努力”的状态？明明忙得团团转，却不见成效。或许，你和真努力差了这几点。

真努力，需要专注

上学的时候，你是否经历过这样的情形：做的事情和别人一样多，甚至更努力，但成绩依旧不见提高。有时也会怀疑，自己这么努力却不进步，是不是方法出了问题？但真实情况可能是，你只是沉迷于自己的“努力”，却没有思考过这些“努力”有多少会带来切实的进步，又有多少是重复低效的劳动。

比如你很想努力比别人学习好，连上课都忍不住在想超过别人，结果分了心，错过了很多知识点，得不偿失。如果思虑过多，这些努力的想法会慢慢演化成焦虑，不断影响你的心绪，导致人在心不在，变成“假”学习，效率自然低。

实际上的“真”努力需要的是专注。什么是专注呢？专注就是能够不被其他事情分散注意力，集中自己的全部力量，完成一件自己想完成的事。而这恰恰是努力的必备要素。

真努力，需要思考

之前班里有一位同学，别人学习的时候他在学，别人玩的时间他也在学，但是成绩一直不好，总说自己慢。他的时间用来干什么呢？大多数时间是把错题抄到本子上，很少用时间去研究这些错题，更没时间充分理解每一道题的思路。

这其实是一种重复劳动。重复劳动是指在远离核心的事情上消磨，反复地去做对事情结果没有实质影响的事情。用行动上的勤奋来掩盖思维上的懈怠——表面上很勤奋，实际上却刻意回避了真正困难却更有价值的部分。

而真正的努力是要思考出什么是当下最重要的事，然后要事优先，直奔目标。合理做时间规划，不要胡子眉毛一把抓。对学习而言，最困难、最有价值的工作就是深度思考。只有深度思考才能带来认知升级，从而提升自己的学力水平。

真努力，需要正视自己

有时候我们总是和自己较劲：感到自己不够优秀，排斥自己。但人的精力是有限的，当你把精力用在琢磨自己为什么不好上面，学习自然就不专注了。

思绪过多，能投入的精力自然就少了；过分自责也会导致没有内在动力。

你可以不断追求更高的目标，但如果当下没有达到预期的话，不要排斥自己。正视自己的优点，承认自己的缺点，然后努力积攒能量，一步步成为更好的自己。

（四）用共鸣吸引读者

用读者熟悉的语言和生活场景、常见的困惑进行交流，让读者觉得，是一个朋友在和他聊天，说他想听的话题，从而产生共鸣。

如，《你的餐桌上，藏着孩子 20 岁后的福气与运气》这篇文案，先从看到的一家三口在餐厅就餐谈起。爸爸忙着打电话，妈妈低头刷手机，孩子兴致勃勃地想与爸爸妈妈互动，却无人搭理。这是现实生活中我们常看到的场景。一家人在一起吃饭，看似团团圆圆、其乐融融，实则各忙各的，失去了团聚交流的意义，使得吃饭变成一个没有温度的外壳。在这个场景中，提出了陪孩子一起吃饭的重要性。文末用视频的方式，由孩子讲出“孩子的事，是爸爸妈妈最大的事”，最后以儿童装江中健胃消食片软广告结尾。

Linkedin 平台推出的文案《真正受过教育的人，应该有这样的思维方式》，开头用视频的方式展现出忙碌了一天的职场人士拖着疲惫的身体回家想早点休息，第二天好继续重复的工作。他打开冰箱，发现空空如也！开车进入拥堵的街道，到超市购买日常用品，却遇到了熙熙攘攘的人群、排得长长的队伍、父母责骂孩子、排队人群大声打电话等一系列烦心事。这些生活中常见的场景，能够迅速吸引该平台的受众——职场人士的注意，引发情绪共鸣。文案最后给出遇到这种情况，我们应该用什么思维方式进行思考的建议，提出了解决方案。

当然，也有的新媒体文案的正文没有第一部分。开门见山呈现正文的主体。如《让人放心，是一个人最了不起的才华》。这篇文案只有正文的主体，没有第一部分的导入与最后一部分的拓展提升。正文部分直接提出“让人放心的人，有担当”“让人放心的人，有底线”“让人放心的人，讲信用”“让人放心的人，能力强”。标题也是直接亮出观点，能够引发受众的共鸣。正文中分论点的论据来自生活中常见的典型案例，取得了较好的传播效果。

让人放心，是一个人最了不起的才华

《人民日报》，2023-02-09 21:58 发表于北京

让人放心的人，有担当

有的人遇到问题时，第一反应不是解决问题，而是把责任推卸到别人身上，这样的做法只会让情况更加糟糕。

而一个有担当的人，会及时把属于自己的责任承担起来，积极思考解决问题的方法，从而赢得更多人的信赖。

有句话说：“大事、难事看担当。”有的人在小事上精明，一遇到大事就自乱阵脚。真正厉害的人，不仅有出众的能力，更有出众的心理素质。

他们面临大事、难事，能够“泰山崩于前而面不改色”，用冷静的态度分析问题的本质，从而“挽狂澜于既倒，扶大厦于将倾”。

让人放心的人，有底线

做人有尺，做事有度，有所为，有所不为，是最让人放心的人。

一个人的底线，就是他的良心。有良心的人，不会为了自己的利益去做违背道义的事，也能让人更加安心地跟他合作和共事。而那些突破底线的人，最终会发现，他们要为自己的贪婪付出百倍、千倍的代价。

一个人有底线，是让人放心的最基本的品质。有了底线，才值得托付。有了底线，才能获得信任。

让人放心的人，讲信用

生活中，有的人总是喜欢说：“包在我身上。”可是，当别人过一段时间要求他们兑现诺言的时候，他们常常会找各种借口来拖延，最后不了了之。

也有些人看起来不善言辞，他们不随意承诺，但是一旦答应了，就事事有回音、件件有着落，哪怕出了状况，不能完美完成，也会负责到底。

让人放心的人，永远不会透支自己的信用，永远不会辜负别人的信任。当你对别人做到不欺不瞒，别人才会予你以肯定；当你对别人做到不诓不骗，别人才会予你以相信。

让人放心的人，能力强

如果一个人的专业能力不扎实，别人交代的事情就很难办成。一个人的业务能力越强，就越容易拥有更多的实践机会，越靠近成为一个“让人放心”的人。

一个人做事，要有认真的态度和专业的能力，不懈怠、不疏忽，精益求精、不断提高自己，这样才是对自己负责，也能让别人放心。

让人放心，是一个人最了不起的才华。你每一次让人放心的表现，都是在人生银行中存下的一笔储蓄，最终会成为你面对挑战时最有力的武器。

请扫码观看微课“微信正文第一部分写作思路”。

微信正文第一部分写作思路

二、新媒体文案正文主体部分写作技巧

新媒体文案正文主体部分主要是围绕标题和引言部分，进行解释说明和深入挖掘。解释说明部分主要是原因分析，告诉受众为什么出现第一部分那种场景、背景是什么，这部分要紧密围绕第一部分呈现的场景来说。深入挖掘部分可有可无，字数不宜太多，一般有两种写作写法：一是通过当事人或者当事人周边人采访的方式，告诉受众，出现文章所描述现象的深层原因；二是表达一种对未来的希望。

请看《人民日报》在2021年丰收节当天推出的这篇文案。

今天，袁隆平雕像前满是鲜花

《人民日报》，2021-09-23 19:06 发表于北京

今天是中国农民丰收节
在袁隆平母校西南大学
许多学生
来到袁老手捧稻穗的雕像前
献花悼念

同学们给袁隆平留言
说会接力完成袁老禾下乘凉梦

“谨记您的教诲，
心在最高处，根在最深处”……

献花人群中
一对老人的身影格外引人注目
“袁隆平，我来看你了！”
献完鲜花
老奶奶忍不住哽咽落泪

老奶奶告诉记者
自己名叫陈德玖，今年90岁
是袁隆平在西南大学
就读时的同班同学
“2017年他回学校
我们很短暂地见了一次
没想到这就是永别了”

陈德玖老人说
袁隆平一生的夙愿
就是让老百姓能吃饱饭
他也为此奋斗了一生
现在正是丰收的季节
今天，她特意和老伴过来献花
纪念袁隆平
“看见他的雕像我就想哭，很想他”

网友们也都表示
袁爷爷，我们好好吃饭了

袁老一生致力于杂交水稻技术的
研究、应用与推广
创建超级杂交稻技术体系
为我国粮食安全、
农业科学发展作出了贡献

2020年5月，袁隆平获聘
中国农民丰收节推广大使

他不仅是我国研究与发展

杂交水稻的开创者
也是世界上第一个
成功利用水稻杂种优势的科学家

联合国经社事务部评价他是
“真正的粮食英雄”

袁老曾有三个与水稻相关的梦想
第一是水稻亩产超过 1 000 公斤
保障我国粮食安全
第二是让杂交水稻走出国门、走向世界
为解决人类饥荒做出贡献
第三是希望在我国的盐碱地上
种出高产水稻
而如今
袁老的三个梦想均已超额完成

虽然大家
早已不再饿肚子了
但袁老生前依然要求
自己的学生要珍惜粮食

他曾表示
自己挑研究生有一个条件
不下田就不带
只有亲身下过田
体会过“锄禾日当午”艰辛的人
才会对“粒粒皆辛苦”有深刻体会

今年 5 月 22 日
袁老离开了我们
无数人为之悲痛
节约粮食，杜绝浪费
这或许是我们对袁老最好的纪念

袁老，您放心
我们一定会好好吃饭

这篇文案的写作思维导图如图 4-1 所示。

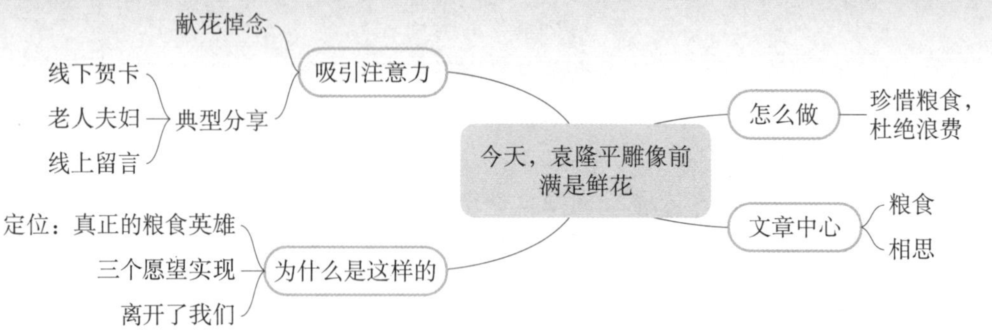

图 4-1　写作思维导图

第一部分：引言导入。吸引读者，呼应标题。具体描述：“许多学生来到袁老手捧稻穗的雕像前献花悼念”“献完鲜花，老奶奶忍不住哽咽落泪”。

第二部分：解释说明和深入挖掘。向受众解释，为什么出现第一部分的场景？原来发文当天是丰收节。在此基础上，追忆袁隆平与水稻的故事。突出他与粮食有关的三个愿望。同时，也告知我们，袁老已经永远离开了我们。在此基础上，深入挖掘。提炼出“节约粮食，杜绝浪费。这或许是我们能对袁老最好的纪念”

案例讲解，请扫码观看微课“描述事件的新媒体正文写作思路”。

描述事件的新媒体正文写作思路

三、新媒体文案正文结尾部分写作技巧

不是所有的新媒体文案都有结尾，要根据写作目标、受众特征等确定新媒体文案是否有结尾以及结尾的方式。一般来说，新媒体文案常见的结尾方式有以下 5 种。

（一）神转折结尾

就是用出其不意的逻辑思维，使展示的内容与结局形成奇特的逻辑关系，从而得到出人意料的效果。这种写作方式会在受众心里产生震撼，让受众惊叹于写作人员的独特构思，引起受众的讨论，让其留下深刻的印象。

（二）金句结尾

用名言警句或其他金句结尾的文案，可以帮助受众深刻地领悟文案思想，引起受众共鸣，提升他们对文案的认同感。并且，名言警句一般都富含哲理，不仅能起到警醒和启发的作用，还能提高文案的转发率，可谓一举多得。

（三）幽默结尾

幽默的语言总是讨人喜欢，如果文案的结尾适当来一段幽默，则会让人会心一笑，带来非常愉悦的阅读体验。

例如，某些朋友圈的互动文案，就是用幽默的语言结尾来引起受众评论与互动。甚至有些公众号直接在每次推文之后再多发一则幽默文案，以标题为开头，正文为结尾，博得受众一乐，让人读完之后忍不住留言。

（四）话题讨论结尾

在文案末尾采用话题进行提问，也是现在惯常使用的结尾方法，通过提问可以带着

受众思考，激发受众的互动积极性，增加文案的热度。讨论的话题一般可以根据文案内容进行设置。

引发受众讨论的方法有哪些呢？请扫码观看微课“引发受众评论的方法”。

引发受众评论的方法

（五）制造场景结尾

场景的制造是一种环境影响，在一定的场景氛围内，很容易带动受众的情绪，引导后续行为。如，文案结尾，请读者扫描二维码领取周年庆礼券，引导他们后续的消费行为，或者运用“点击购买”四个大字，引导受众购买。

四、新媒体文案语言表达技巧

新媒体写作中，话题本身应包含“干货”信息，但是，如果我们的表达枯燥无趣，那么即便分享的全是“干货”，也不见得有人会阅读。什么样的风格是大众读者喜欢的呢？对于写作“小白”来说，保底的做法是：语言简单、表达正向、案例个性化。

（一）语言简单

讲述话题口语化；需要使用专业名词时，要解释清楚；使用短句；如果一句话超过15个字，最好用标点符号隔开，或者选用其他表达方式，把长句改为短句；紧贴主题论述，不要插入无关信息或者关联度不强的内容。

（二）表达正向

所讲的内容与读者对象息息相关；使用肯定语气和正能量描述，激发读者积极向上。

（三）案例个性化

结合读者对象，列举相应的案例；表达要具体，不要泛泛而谈。例如，对于“他非常爱学习”这句话进行具象表达，可以这样描述：“他是一位终身学习者，尽管工作很忙，但是，每天都会抽出两个小时读书学习。”

我们来看一则案例：

原文摘录如下：

研究显示，沟通者在网上会更诚实坦率地表达自我，他们变得不那么谨慎，也较少进行自我监控。学者将这种现象称为网络抑制效应。不难理解，当人们看不见、听不见甚至有时并不认识他们所谈论的对象时，会更坦诚地表达自己的意见。

梳理原文，我们可以得出：原文传达的思想是，在网络上与人沟通更坦诚，但缺少自我监控，说话不谨慎；原文呈现的理论是网络抑制效应。

我们在新媒体文案写作中，如何深入浅出地呈现上述观点呢？具体步骤如下：

第一步：定位受众诉求。根据马斯洛需求理论，这篇文章的受众诉求属于第3层次：情感和归属需求。

第二步：确定目标人群。

第三步：共情复述，也就是如何表达。

假设我们确定目标人群为暗恋者，那应该如何表述呢？

当你暗恋一个女孩很久，却不敢当面表白时，不妨给她发一条微信，试探一下对方的态度。网络抑制效应告诉我们，在线上与人沟通时，人们更有勇气把心里话讲出来。

事实上，有很多人通过网络牵手成功。

不过，在线上表白后，只要对方没有明确拒绝你，你就要立即寻找机会给女孩送点小礼物，然后找理由约会。如果没有实际行动，人家就会觉得你太懦弱，缺少担当。

英国有一句格言“对于一艘盲目的船来说，所有方向的风都是逆风。”写作也一样，必须明确要写给谁看，针对不同的读者对象，深入挖掘对应读者群体的痛点和需求。不要试图写一篇文章，让所有人都愿意打开看。

课堂讨论

请阅读新媒体文案优秀案例《这些花，竟然是“药”做的！》，分析其标题、正文和结尾的写作技巧。

这些花，竟然是“药”做的！

清新淡雅的绿菊
精致娇美的绣球
鲜红如火的山茶
……
这些花朵竟然是“药”做的

江苏扬州女孩王蕴玉
以中药材“通草”为原料
制成各种仿真花卉
栩栩如生、令人叹服

“见过通草花的人
都会被这种
以假乱真的美征服”

1997 年出生的王蕴玉
至今已学习通草花技艺 15 年
作品累计达万件

她第一次接触这门技艺
源于儿时读《红楼梦》
“在‘元妃省亲’这一回
大观园里用的就是通草花装饰”

后经父亲引荐
王蕴玉向当地非遗传承人拜师学艺
从此与通草花结下不解之缘

王蕴玉说
制作通草花的过程并不简单
光造型就需要
描图、剪花、捏瓣、粘瓣等
十多个工序

学生时期的王蕴玉
不仅每天放学跟随师父
学习通草花制作技法
她还会在闲暇之时
反复观察形状各异的花瓣和枝叶
悉心揣摩，精益求精

随着技艺日臻成熟
通草花在王蕴玉的手中
不仅成了“不凋谢”的花束装饰
还变为了一朵朵香薰花

“传统技艺要得到延续和发展
必须有年轻人的传承和支持”
学艺 15 年来
王蕴玉逐渐将传承通草花技艺
作为自己的事业
“未来我会继续制作更多的作品
让更多人了解、热爱
和感受一株草‘幻化’出的美丽”

一株草开出百种花
点赞心灵手巧的姑娘

五、新媒体文案修改步骤

好文章是改出来的。如何做好新媒体文案的修改工作呢？主要有以下 4 步。

（一）查看标题是否切题、吸引用户

可以从以下几个角度修改标题：标题可以是文中金句；标题可以总结文章故事情节；标题可以利用文章的故事悬念；标题可以使用文章的故事结局。另外，要检查标题是否有错别字和错误标点，是否包含关键词，是否表达精练，让受众一眼就能看明白并快速喜欢。

（二）查看正文是否离题、有冗余

学会给文章做减法，删减无用句子以及片段。和主题无关的，对于故事情节没有丝毫用处的描写，都可以删掉。无用的描写会让文章看起来啰唆，没有章法。需要确保所写的每一句话、每一个情节都服务于主题。

（1）在修改故事文章时，重点是修改句子、场景。要确保所写的句子能够更好地推动情节，调动人的情绪。每个场景描写都必须有意义：要么渲染场景，要么叙述故事，要么推动故事发展，要么与后面的故事相呼应，或者凸显主题，升华文章内涵。

（2）修改观点文章的时候，需要注意的是，文章所举例子、观点应与论点相关。如果无关，就需要删除、重写。

（三）检查文章是否有常识错误

可以使用朗读的方式进行检查。在检查过程中，要注意段落划分是否精准、遣词造句是否恰当、句子成分是否齐全等。在句法成分检查中，重点关注缺少主语现象和词语搭配问题。同时，要关注事实文章的真实性。

（四）汇总受众批评建议

文章发出去之后，可能会听到来自不同受众的反馈建议。遇到这种情况，可以收集受众的建议，在下次写文章的时候及时调整。

当然也存在一种现象，就是受众提出的建议，我们并不认可。或者是，我们表达的并不是那个意思。遇到这种情况，我们需要反思文章是否表达清楚了，并在下一次写作时改正。

写好新媒体文案要先自查，自查的标准有哪些呢？请扫码观看微课“新媒体文案自查标准”。

新媒体文案自查标准

课后练习

1. 请比较下面这两则案例，分析哪一则更受用户青睐，并说明原因。

案例 1

标题：新媒体写作干货免费送

正文：

电子版干货免费送

3 篇 10 万＋文章分析

4 万字写作技巧干货

5 个写作心法

6 本写作书籍拆解

7 个写作步骤

8 本写作书籍

扫码回复写作

案例 2

标题：年收入 100 万新媒体写作经验免费送

正文：

职业经理人转型

33 岁从 0 开始写作

34 岁下班后教写作

35 岁写作年收入百万

百万写作经验价值

掌握套路，0 基础就会写作

找到动力，摆脱 3 分钟热度

得到灵感，远离无话可说

高效社交，建立个人影响力

原价 299 元，扫码回复“写作”免费送

2. 浏览你关注的微信订阅号或者其他新媒体平台文章，分别找一个好标题和一个“标题党”的标题，说明判定依据。

3. 请阅读下列两则文案，分析其在标题和正文表达方面的技巧。

“警察叔叔，您能帮我扎一下头发吗？”

新华社，2020-09-29 15:46 发表于北京

“警察叔叔，

您能帮我扎一下头发吗？”

近日在山东临沂

一名小女孩求助执勤民警

后面的故事太暖了

当天上午 8 时

山东临沂市公安局交警支队

莒南大队特勤中队民警曾畅

在莒南第四小学门口执勤

这时他看到一名小女孩

从家长的车上下来后

站在原地迟迟不愿进学校

便上前询问情况

小女孩表示自己起晚了

妈妈没来得及给她扎辫子

“警察叔叔，

您能帮我扎一下头发吗？”
听到这话
曾畅接过橡皮筋
熟练地给小女孩扎了个马尾辫

曾畅表示
自己和孩子们每天都会见面
彼此之间很熟悉
他们就像自己的孩子一样
看到这温暖一幕
网友纷纷点赞
“警察叔叔啥都会！”
“可爱的人给可爱的人扎头发”

2 203 家网站，被约谈

《人民日报》，2023-05-02 16:19 发表于北京

记者 4 月 30 日从国家网信办获悉，2023 年第一季度，全国网信系统进一步加大网络执法力度，健全制度机制，增强工作队伍，规范网络执法行为，持续推进“清朗”系列专项行动，依法查处网上各类违法违规行为，累计约谈网站 2 203 家，暂停功能或更新网站 48 家，下架应用程序 55 款，关停小程序 12 款，会同电信主管部门取消违法网站许可或备案、关闭违法网站 4 208 家。

据悉，各级网信部门结合开展整治“自媒体”乱象、春节网络环境整治等“清朗”专项行动，依法查处“日报头条”“华人卫视”“苏观天下”等一批违规从事互联网新闻信息服务、破坏网络传播秩序的网站，督促网站平台依法依约处置相关账号；依法关闭“人民新闻报网”等一批假冒仿冒或侵权网站。

针对新技术新应用未经评估上线、违法处理个人信息等违法违规行为，依法对存在相关问题的“山地卡车运输”等移动应用程序采取下架措施，责令未经安全评估的相关网站下线有关功能。同时积极做好违法问题移动应用程序的整改上架工作，“早晚天气”等 12 款移动应用程序复核上架，相关属地网信办依法加强监督管理。

此外，全国网信系统加强执法队伍建设，加大网络执法人员培训力度，严格落实资格管理和持证上岗制度。国家网信办启动 2022 年度网络执法情况监督检查工作，督促各地网信部门围绕网络执法把握中心任务、强化执行落实、健全制度规范、完善工作体系等方面开展自查自纠。第二季度，国家网信办将选取部分省级、地市级网信部门开展实地监督检查，推动各级网信部门依法履行职责，提高网络执法能力，深入推进严格规范公正文明执法，有力维护人民群众在网络空间的合法权益。

完成课后练习后，请扫码观看微课“案例分析：海报制作”。

案例分析：海报制作

综合训练

1. 写作实训题。

（1）请选定一种全班同学都喜欢的产品，每位同学都为这款产品写一则文案，并在班级群分享。通过投票选出最好的文案，分析原因。

（2）请在微信朋友圈写一则宣传班级的文案。

（3）请自选一个新媒体平台，完成注册工作，选择自己喜欢的主题，尝试在这个平台上发表一篇文案。

2. 材料改写题。

请改写下面这则材料。受众：小学三年级学生；目标：他们看后懂得“注意力带宽有富余”。

在认知心理学理论中，一心多用的前提是自己的感觉通道没有被占满（比如视觉被占了，听觉却空着；听觉被占了，动觉却空着），其中一件事还是有空间的，能自动化完成，不需要太多认知加工，不然就会应接不暇，手忙脚乱。这叫作“注意力带宽有富余”。

项目五

AI赋能新媒体写作

项目综述

在新媒体写作领域，AI 技术的发展正引领着一场时代革命。AI 赋能写作可以拓宽创意边界，提升写作效率。我们身处其中，既要固守扎实的写作基础，也要掌握多样化 AI 工具使用的底层逻辑，从选题策划到内容优化，全程融入 AI 智慧。我们还要处理好工具理性与人文价值之间的关系，做 AI 赋能写作的踏实践行者。

学习目标

知识目标

1. 熟记 AI 对话通用提示词。
2. 掌握 AI 深度对话底层逻辑。

能力目标

1. 能够运用 AI 对话，赋能新媒体文案策划。
2. 能够运用 AI 对话，赋能新媒体文案写作。

素养目标

1. 培养高阶思维。
2. 培养精益求精意识。

任务一　训练 AI 对话通用提示词

情境导入

人工智能飞速发展，文心一言、智谱清言、讯飞星火等生成式人工智能写作工具为王诚提供了学习新机遇。然而，尝试后他发现，AI 生成的内容经常达不到预期，有时甚至南辕北辙，想放弃，却又不舍其带来的效率提升。老师提醒王诚，只有掌握与 AI 有效沟通的逻辑，才能快速驾驭这一新技术。

课前思考

假如你需要策划某园区科技发展动态的宣传文案，可利用AI进行辅助。如何让AI模型准确理解活动主题和目标受众，生成既符合科技发展实际，又能吸引受众的文案？在这个过程中，如何确保文案的原创性和创新性，避免陷入AI生成的“套路化”内容？

一、AI写作发展概述

（一）AI发展历程

人工智能（Artificial Intelligence，AI）的起源可以追溯到20世纪50年代。1950年，英国数学家和逻辑学家阿兰·图灵（Alan Turing）在《计算机器与智能》中提出“图灵测试”这一概念，为判断机器是否具备智能提供了一个标准。1956年，在美国达特茅斯会议上，约翰·麦卡锡（John McCarthy）首次提出“人工智能”这一术语，标志着人工智能作为一门独立学科诞生。

从人工智能到生成式人工智能的转变，是技术进步的重要里程碑。起初，人工智能主要聚焦于数据分类和信息预测。随着深度学习技术的突破，生成式人工智能应运而生。它不仅能处理数据，还能创造新内容。如文生文、文生图、文生视频等。这一转变，让AI从“理解世界”迈向了“创造世界”。

（二）AI写作发展概况

在写作领域，AI技术展现出巨大的潜力，极大提高了写作效率。在新闻写作领域，AI写作工具能够在短时间内生成大量的财经新闻报道、体育赛事报道等重复性、模板化的内容，为记者节省了宝贵的时间，让他们能够专注于更深入的思考和创作。在文学创作领域，AI写作工具能够生成诗歌、小说等文学作品，为文学创作带来新的视角和风格。

然而，AI写作工具的发展并非一帆风顺。在实际应用中，创作者们发现AI给出的答案并不总是完全符合自己的预期，有时甚至与自己的想法背道而驰。这要求创作者在使用AI工具时，需要具备一定的筛选和判断能力，确保生成的内容既符合自己的写作需求，又保持原创性和创新性。

未来，人工智能将继续发挥其巨大潜力，成为引领科技进步和社会变革的关键力量。在写作领域，AI技术也在不断演进和升级，为创作者提供更加智能、高效的写作辅助工具。一方面，随着多模态技术的不断发展，AI模型能够处理文本、声音、旋律和视觉信号等各种输入信息，并将其融合起来进行综合理解，这将使AI写作工具能够生成更加丰富、立体的内容，为受众带来多种感官体验；另一方面，AI技术将更加注重与人类的协同合作，能够更好地理解创作者的意图和需求，提供更加精准、个性化的写作建议和优化方案。

（三）AI 写作实践的机遇和挑战

AI 写作为创作者提供了全新的工具和可能性。AI 技术可以辅助创作者更加高效地完成重复性、模板化的写作任务，还能够提供多样化的写作风格和个性化的定制服务，满足不同场景和读者需求。然而，AI 写作也带来了一系列挑战。例如，如何确保 AI 生成的内容保持原创性和创新性？如何避免 AI 写作工具陷入“套路化”的内容生成模式？如何平衡 AI 辅助与自主思考的关系？这些问题都需要创作者在使用 AI 工具时，必须进行深入思考和探索。

目前，实践总结出以下应对措施：一是提高筛选和判断能力。在使用 AI 工具时，创作者需要具备一定的筛选和判断能力，确保生成的内容既符合自己的写作需求，又保持原创性和创新性。二是注重与 AI 的协同合作。三是持续学习和探索。随着 AI 技术的不断发展，创作者需要不断学习和掌握新的 AI 技术和工具使用方法，以适应不断变化的写作环境和需求。四是关注伦理和法律问题。在使用 AI 工具时，创作者需要关注伦理和法律问题，确保技术的合法、合规和道德使用。

二、AI 写作通用提示词训练

（一）AI 写作通用提示词框架

创作者使用 AI 写作达不到预期，一般原因如下：一是提示词过于简单，就一两句话。比如“请帮我写一篇××学院来我校参观的通讯稿”。这样的要求笼统宽泛、缺少细节，导致 AI 输出的内容套路化。二是提示词过于混乱。写了很长一段话，把混乱的想法一股脑发给 AI，没有提出结构化的要求，导致 AI 输出的内容不够精准。

下面提供一个通用提示词框架：设定角色 + 界定任务 + 明确任务要求 + 描述背景。

1. 设定角色

在新媒体写作中，为 AI 设定角色，可以帮助它更好地理解写作视角、专业知识和表达风格，从而生成更加贴近实际情景的答案。

设定 AI 角色的参考公式：角色 = 单位 + 身份 + 能力。其中，单位部分，只需写清楚宣传材料涉及的行业单位。如，××市融媒体中心、××平台美食博主、××订阅号等。在新媒体写作与编辑中，常用到的身份是资深编辑、新媒体创意总监等。能力是对角色能力的界定，可以赋予这个角色专业技能、专业知识、工作经验等能力。常用的能力水平界定词有：擅长……、有丰富的……经验、致力于……领域等。角色设定举例：“你是《人民日报》订阅号资深编辑，具备丰富的微信推文标题写作实践经验。”

2. 界定任务

任务设定要细化。如，新媒体标题的写作、新媒体引言的写作、新媒体正文的写作思路、正文中一句话的表达、正文中一个词的润色等。在界定任务时，我们不直接说“请根据所给素材，写一篇微信推文”。而是说“请根据所给素材，写微信推文标题××个”。多生成几个标题，方便我们比较。

3. 明确任务要求

任务要求需量化、具体，要基于所完成任务的理论基础、任务背景、经典案例等提出。任务要求一般包括数量要求、字数要求、语言结构的要求、表达风格要求、支撑写作的理论要求等。如，撰写微信推文标题的任务要求：“写出 5 个微信推文标题，字数 15 字 / 个；发文平台：××订阅号；受众：高职毕业生；标题结构：状态词 + 主谓结构；参考案例：×××；表达风格：口语化，短句表达；紧跟热点词××”。

4. 描述背景

在指派写作任务给人工智能时，清晰阐述背景信息至关重要。背景信息分为宏观与微观两个维度。宏观背景关乎文章的大环境与指导思想。需明确上级的指示精神、政策导向、行业趋势及社会环境，为 AI 提供文章定位的坐标。这些宏观要素帮助 AI 把握时代脉搏，确保文章内容与当前形势相契合，体现正确的价值导向。微观背景聚焦于任务的具体细节。包括提供的素材内容、发文平台的风格要求及目标受众的特征。应详细说明可用资料，指导 AI 如何根据平台特性（如正式、休闲、专业等）调整语言风格。同时，明确受众的年龄层、职业背景、兴趣爱好，使 AI 能针对性地选择内容，提升文章的吸引力和阅读体验。

课堂讨论

张华是某校计算机专业的学生，他在撰写专业论文时，为了节省时间，直接使用 AI 对话模型生成代码和结论。

请思考：这种做法存在哪些风险？比如，AI 生成的代码可能存在哪些潜在错误或安全隐患？直接引用 AI 结论是否会影响论文的学术严谨性和作者的学术诚信？张华应如何平衡 AI 辅助与自主思考的关系？

（二）AI 写作通用提示词训练

请根据所给素材，写微信推文标题。

写作素材：

两个老友久别重逢，相约在贵阳最时尚的创意街区。“今天吃什么？”“吃折耳根！”“折耳根？这名字好奇怪，是种什么菜？”带着满腹疑问，他们开始了探索之旅。

探访创意小店

他们来到一家设计感十足的小店，门口挂着霓虹灯招牌，店内装饰融合传统与现代元素。这里不仅有传统的折耳根凉拌，还有各种创意料理。

初次尝试

折耳根沙拉：新鲜折耳根搭配西式沙拉酱，清新爽口。折耳根比萨：薄底比萨上铺满切碎的折耳根，撒上芝士，外酥内嫩。折耳根冰激凌：折耳根汁液与奶油混合，冷冻成冰激凌，口感独特。每一道菜品都让人眼前一亮，折耳根的独特风味与现代料理的创意完美结合，带来前所未有的味觉体验。

创意新吃法

折耳根鸡尾酒：折耳根汁与伏特加混合，加入柠檬片和薄荷叶，清新爽口。折耳根寿司：折耳根切丝，与米饭、海苔等材料卷成寿司，既有东方韵味，又有现代创意。折耳根汉堡：在汉堡中加入煎熟的折耳根，搭配牛肉饼和蔬菜，口感层次丰富。

“原来折耳根可以这么吃！”朋友感叹道。

折耳根，学名鱼腥草，是一种生长在南方湿润地区的野菜。它不仅美味，还具有多种保健功效。折耳根性寒，能清热解毒，适用于夏季防暑降温；利尿消肿，对水肿有一定的缓解作用；含有丰富的维生素和矿物质，能增强人体免疫力；具有一定的抗菌消炎作用，可用于治疗呼吸道感染和皮肤炎症。

“原来折耳根不仅好吃，还有这么多好处！”朋友感叹道。“贵州的美食文化真是太丰富了，每一步都充满了惊喜。”如果你对这道充满魔力的美食感兴趣，不妨亲自来贵阳，开启你的折耳根现代奇幻之旅吧！

实操展示：

（1）AI 写作通用提示词运用。

你是美食博主，具备美食类微信推文标题写作实践经验。请根据以上材料写 5 个微信推文标题。

任务要求：引发受众注意力，用短句，采用口语化表达风格，标题中加入“原来折耳根可以这么吃”。

任务背景：发文平台是××美食类融媒体平台；受众是不了解折耳根的人；素材如下：×××。

（2）AI 生成的答案。

原来折耳根还可以这么吃！贵阳创意街区的新食尚！

惊艳！原来折耳根还可以这么吃，解锁贵阳美食新姿势！

折耳根新吃法来袭！原来它还可以这么吃，快来贵阳尝尝！

原来折耳根还可以这么吃？贵阳美食界的隐藏菜单等你解锁！

哇！原来折耳根还可以这么吃，贵阳创意料理让你大开眼界！

实训分析：

从结论来看：套用提示词环节，AI 生成的答案往往不是最佳答案。如上述 AI 给出的答案，存在语义啰唆、用词陈旧等问题。这需要对 AI 进行进一步引导，同时需强化过程辨识，得到自己想要的答案。

从提示词来看：写作背景中，不妨给 AI 批量的微信推文标题案例，让其总结出这些案例的典型特点，然后再根据素材进一步生成，这样 AI 给出的答案会更有针对性。

课后练习

请根据所给素材，依托 AI 写作工具，撰写 5 个微信推文标题，并分析这 5 个标题的优缺点，从中选出最适合发文平台和写作素材的一个。发文平台是《人民日报》订阅号。

写作素材：

11 月 6 日

上海地铁 3 号线

突发惊险一幕

站台上
一名中年男子突发昏厥倒地
紧急关头
有6位好心人冲了上来！
当天正值下班晚高峰时段
在上海3号线东宝兴路地铁站台
一中年男性突然倒地，疑似昏迷
情况十分危急
正在此时
有6名医务人员恰巧经过
他们第一时间冲了上来
跪地实施救援
据悉，这一行6人
是浙江杭州临平区
各医疗单位的医生
包括心内科医生、护士等
近期正在上海市第一人民医院
跟岗学习

事发当天
他们下班后一起回住的地方
在地铁站发现几个警察围在那里
出于医务人员的警觉性
便过去问了一下
6名医务人员
凭借专业的医疗知识
对患者进行初步评估
患者意识丧失，面色苍白
但有自主呼吸和颈动脉搏动
几位医生迅速对其
意识、心跳、呼吸、瞳孔、四肢运动等方面
进行检查评估和干预处置
倒地男子逐渐睁开双眼
患者恢复意识后
医生们还在一旁照顾
一边了解他的既往病史
和服用药物情况
一边缓解他紧张的情绪
120急救人员到达后

几位医生完成与急救医生的交接
悄悄离去
目前该患者情况稳定
这 6 位医务人员分别是
姚绅、高金、刘腾腾
翟露露、余涛、周倜
对于在地铁站救人的事
他们都表示
“当时并没有时间多想
只是本能地想要去帮助他”
为白衣天使点赞

任务二　开展 AI 对话持续引导

情境导入

在新媒体写作中，AI 不仅是工具，更是创意伙伴。有效的对话引导能让 AI 更精准地理解作者意图，生成贴合需求的文字内容，从而提升写作效率与作品质量。这要求我们学会构建清晰、具体的问题框架引导 AI 思考，避免笼统指令带来的模糊输出。这需要通过人机持续对话，准确输出提示词，有效融入创意、个性与支撑写作任务的理论知识。

课前思考

请分析下面这则 AI 对话案例，总结 AI 对话引导的技巧和底层逻辑。

AI 写作通用提示词提问：你是高职教育融媒体创意总监，具备丰富的高职校园文化宣传实战经验。请给出广东科学技术职业学院 5 个校园文化创意宣传角度，字数 300 字，用于官微校园文化宣传模块。

AI 给出答案（缩略版）：

（1）科技创新风采：聚焦学院在科研创新、技术竞赛中的卓越成就……

（2）产教融合实践：通过校企合作案例、实习实训基地风采等，展现学院产教融合的办学模式……

（3）多元文化交融：介绍学院丰富的社团活动、国际交流项目，展示不同文化背景下的学生如何相互学习……

（4）技能大师风采：挖掘学院内的技能大师、优秀教师与学生榜样……

（5）绿色生态校园：展示学院在环保节能、绿色校园建设方面的成果……

AI 引导 1：将落脚点放在高职学生。

AI 引导 1 对应答案（缩略版）：

（1）学子成长故事：聚焦高职生的学习成长经历，分享他们从入学到毕业的蜕变故事……

（2）技能提升之路：通过学生技能学习的实例，展示学院提供的丰富课程与实训机会……

（3）同窗情谊回忆：挖掘学生之间的深厚友谊与互助故事……

（4）未来职业规划：分享学长学姐的就业创业经验……

（5）校园运动挑战：分享校园运动精彩瞬间。

AI 引导 2：选择 1，请提炼学子成长故事 5 个写作角度。

AI 引导 2 对应答案（缩略版）：

（1）梦想启航：从迷茫到坚定……

（2）技能磨砺：从零基础到高手……

（3）团队协作：从独行侠到团队领袖……

（4）挑战自我：从害怕到勇敢……

（5）心灵成长：从稚嫩到成熟……

AI 引导 3：着眼细节，重新提炼 5 个写作角度。

AI 引导 3 对应答案（缩略版）：

（1）初识校园：那一抹新生的绿意。以新生入学第一天为起点，通过描述他们踏入校园时的第一眼印象……

（2）技能课堂：每一次尝试的汗水与欢笑。聚焦于专业技能课堂上的一个具体场景，如学生在老师的指导下第一次操作复杂的机器……

（3）团队项目：深夜灯火下的共同奋斗。为了完成一个设计作品而连续熬夜的夜晚……

（4）挑战时刻：心跳加速的瞬间抉择。聚焦于学生面临重大挑战前的心理挣扎与瞬间抉择，如……

（5）心灵对话：那些静谧夜晚的自我反思。选取学生独自一人在宿舍、图书馆或校园小径上静思的时刻，通过描绘他们内心的独白……

AI 引导 4：要更加贴近大部分学生的生活实际。比如，学生的学习笔记、学习状态等。

AI 引导 4 对应答案（缩略版）：

（1）学习笔记的演变：从凌乱到井然……

（2）图书馆的日常：从偶尔光顾到常驻客……

（3）课间十分钟的交流：从陌生到熟络……

（4）作业提交的变化：从拖延到主动……

（5）在线学习的自律：从分屏到专注……

一、AI 对话持续引导技巧

（一）明确需求，直接表达

与 AI 对话时，应直接、明确地表达需求，避免使用模糊或礼貌性的语言。不说“请问你能帮我写一篇关于环保的文章吗”，而是直接说“帮我写一篇关于环保的文章，主题聚焦于塑料污染……”。“撰写一篇关于人工智能在医疗领域应用的论文，重点介绍 AI 在疾病诊断、个性化治疗方案制定及药物研发方面的应用，字数……”类似这样的指令可以让 AI 准确地理解并满足用户的诉求。

（二）拆分任务，逐步引导

将复杂任务拆分成一系列简单的提示，逐步引导 AI 完成。下面列举一些实操案例。

提问 1：你是 AI 写作专家，具备丰富的 AI 写作实践经验。请提出 AI 写作 5 个研究方向；研究落脚点是 AI 赋能高职教学；研究方向不超过 50 字。

对应提问 1，AI 生成的答案：

（1）AI 辅助高职学生个性化学习路径设计。

（2）基于 AI 的高职课堂教学互动优化研究。

（3）AI 在高职学生职业技能诊断与提升中的应用。

（4）智能化教学资源对高职学生学习成效的影响。

（5）AI 赋能高职实践教学创新与效果评估。

提问 2：要体现理论前沿性

对应提问 2，AI 生成的答案：

（1）基于深度学习的高职学生个性化教学模型构建。

（2）AI 驱动的高职教育知识图谱构建与应用研究。

（3）融合 AI 技术的高职教学创新理论框架设计。

（4）前沿 AI 技术在高职实践教学中的融合路径。

（5）基于大数据与 AI 的高职教学效能评估体系。

提问 3：请结合高职写作教学列出研究方向

对应提问 3，AI 生成的答案：

（1）AI 在高职写作教学中的智能化辅导策略研究。

（2）基于自然语言处理的高职学生写作能力提升路径。

（3）融合 AI 技术的高职写作课程创新与教学模式构建。

（4）AI 赋能高职写作教学中的个性化反馈机制研究。

（5）大数据与 AI 在高职写作教学效果评估中的应用探索。

提问 4：选择“AI 赋能高职写作教学中的个性化反馈机制研究”，请列出写作框架。要求 1 500 字以内；体现目前高职写作教学难题；提供解决对策。

针对提问 4，AI 生成的答案：

第一部分：引言

第二部分：目前高职写作教学难题

学生基础差异大……

学习兴趣不高……

反馈不及时……

第三部分：AI 赋能的前沿解决策略

个性化反馈系统……

智能批改与辅导……

互动式学习平台……

提问 5：针对学生基础差异大，开展论证。要求：字数 300 字；语言学术化；采用《中国职业技术教育》论文写作风格。

针对提问 5，AI 生成的答案……

（三）提供示例，引导风格

为 AI 提供具体的写作示例，帮助它更好地把握文章的语言风格和写作结构。AI 会通过分析“投喂”的案例，总结这些案例的共同特点。比如要根据所给素材，写小红书爆款标题。接到任务后，先给 AI“投喂”10 条小红书爆款笔记标题，然后请 AI 提炼爆款标题的共同点。最后再让 AI 根据材料写标题，要求标题符合小红书爆款笔记标题写作风格、写作结构等。

（四）鼓励互动，澄清细节

通过与 AI 的互动，不断澄清和明确写作要求，确保最终输出的内容符合期望。例如，可以询问 AI 对某个主题的理解，或让其解释某个观点。比如，要写一篇关于“议程设置”的论文，可先让 AI 解释议程设置的含义和重要性，然后根据 AI 的反馈调整或补充写作要求，如“请进一步阐述议程设置在新闻传播、教学管理、教育机构等领域的应用案例”。

（五）利用 AI 建议，优化写作

AI 给出的结论一般不是最佳答案，需要我们基于写作思维、写作技巧、文学素养、实践应用等，进行辨识，从中选取亮点词汇，做进一步修改和完善，这样才会越写越好。

二、AI 对话持续引导实操

请根据所给素材见任务一中“AI 写作通用提示词训练”中的写作素材，完成微信推文标题的写作。

（一）练习 AI 对话模型

AI 对话如图 5-1 所示。

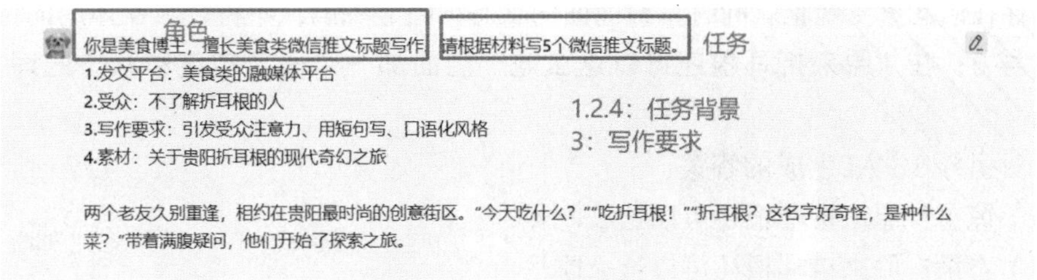

图 5-1　AI 对话

AI 生成答案：

（1）折耳根是啥？贵阳美食新宠等你来尝！

（2）初探折耳根，贵阳创意街区的美食奇幻之旅！

（3）折耳根大变身！传统野菜玩出新花样！

（4）折耳根隐藏菜单，解锁贵阳美食新吃法！

（5）惊艳味蕾！折耳根的 *N* 种创意料理等你试！

AI 生成答案分析：答案（5）：不切题。答案（2）、（3）、（4）：缺乏新媒体标题色彩。需要针对典型问题，对 AI 进行引导，同时对 AI 生成的答案进行辨识。

（二）辨识 AI 生成的答案

引导 1：要凸显新媒体特色，更加口语化，更能引发用户好奇。

针对引导 1，AI 生成答案（以下是更加凸显新媒体特色、口语化且能引发用户好奇的折耳根美食微信推文标题）：

（1）折耳根？啥神秘菜？贵阳美食圈新宠揭秘！

（2）哇！折耳根还能这么玩？贵阳创意料理等你尝！

（3）折耳根奇幻之旅，贵阳美食界的隐藏 Boss！

（4）你吃过折耳根吗？没吃过就 OUT 了，贵阳新食尚来袭！

（5）惊！折耳根竟能变出这么多花样，贵阳美食新大陆等你探索！

点评引导 1：引导 1 提示词针对前一个答案的不足提出，同时又兼顾微信推文标题写作技巧。从生成的答案分析：其优势是凸显口语化，有了新媒体标题特点。劣势是状态词陈旧，文化味不足。

引导 2：请在标题中加入“原来折耳根还可以这么吃”，同时保持新媒体特色、口语化且能引发用户好奇心。

针对引导 2，AI 生成答案：

（1）原来折耳根还可以这么吃！贵阳创意街区的新食尚！

（2）惊艳！原来折耳根还可以这么吃，解锁贵阳美食新姿势！

（3）折耳根新吃法来袭！原来它还可以这么吃，快来贵阳尝尝！

（4）原来折耳根还可以这么吃！贵阳美食界的隐藏菜单等你解锁！

（5）哇！原来折耳根还可以这么吃，贵阳创意料理让你大开眼界！

点评引导2：引导2提到“原来折耳根还可以这么吃”。这句话源于素材的人物对话，是点睛之笔。微信推文标题写作技巧有一条是“亮点前置”。提出这个引导，就是基于这条理论。引导 2 后生成的答案，优势是新媒体色彩凸显，有细节描写。问题是，前后两个半句存在语义重复现象。同时，最前面的状态词略显陈旧，不符合新媒体用词特征。

引导 3：在“原来折耳根还可以这么吃”前面加一个表示态度和状态的词，用作标题。

针对引导 3，AI 生成的答案：

（1）惊了！原来折耳根还可以这么吃！

（2）看呆！原来折耳根还可以这么吃！

（3）绝了！原来折耳根还可以这么吃！

（4）哇！原来折耳根还可以这么吃！

（5）服了！原来折耳根还可以这么吃！

点评引导 3：之所以要在“原来折耳根还可以这么吃”前面加一个词，是基于微信推文标题写作结构中的一条。亮点状态词提前 + 细节描写 / 事件叙述。如，按时回家！神州十八号航天员乘组平安抵京；爆火！“天花板中的天花板”，到底谁抢到了啊？；祝贺！亿吨级大发现。经过引导 3 后，AI 生成的答案亮点突出、语义精炼，但状态词陈旧。

引导 4：用最近流行的网络词或网络热梗代替“服了”，写出新标题。

针对引导 4，AI 生成答案：

（1）跪了！原来折耳根还可以这么吃！

（2）懵了！原来折耳根还可以这么吃！

（3）我裂开了！原来折耳根还可以这么吃！

（4）栓 Q 了！原来折耳根还可以这么吃！

（5）惊掉下巴！原来折耳根还可以这么吃！

点评引导 4：AI 引导越来越趋向具体。目前生成的答案越来越契合作者心理预期。我们可以从中选择一个最能表达素材亮点和吸引受众的标题，作为素材的标题。也可以在此基础上，做进一步修改和引导。

课堂练习

要进行校园文化宣传。受众是在校大学生，发文平台是学校官微。请思考如何依托 AI 辅助进行文案策划。

（三）做好 AI 评价反馈

借助 AI 平台，对赋能前后标题进行分析和打分，从而明确自己的进步幅度和发展空间。在评价中，如果 AI 给出的分数不高，可以进行反问。比如“请给出 100 分标题 5 个”。同时，依托 AI 进行新媒体文案写作评价，需要明确共性的评价维度。比如：符合新媒体文案写作思维和写作技巧、契合发文平台的调性、能够引发用户好奇心。切不可过度细分标准。比如，紧跟热点、亮点前置、细节描写等。这些技巧，不是每个好标题都能用到。AI 会严格按照上述标准对每个标题进行评价。这将忽略文章写作的整体美感，并不能评出好的作品。

评价引导案例：请分别为这两则新媒体标题打分。满分 100 分。1.“关于贵阳折耳根的现代奇幻之旅”2.“我裂开了，原来折耳根可以这样吃”。评价维度：引发用户好奇心、运用新媒体标题写作技巧、符合美食融媒体平台特性。

AI 评价如图 5-2 所示：

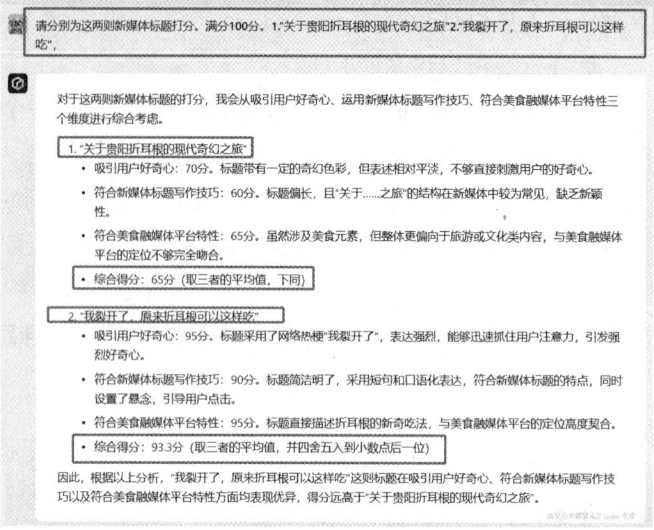

图 5–2　AI 评价

课后练习

请选定红色基因传承宣传主题，通过与 AI 进行持续对话的方式，进行文案策划。

综合训练

请借助 AI 平台进行文案写作策划。

策划主题：全面报道全国秘书事务所联盟大会。

策划要求：形成系列推文，发表在全国秘书事务所联盟微信订阅号、视频号及微博上。

背景材料

关于召开全国高校秘书事务所联盟大会暨秘书教育与发展新质生产力论坛的通知

各有关单位：

中共中央《关于进一步全面深化改革、推进中国式现代化的决定》指出，新质生产力作为驱动中国式现代化车轮的核心引擎，亟须通过全面深化改革的力量，为中国式现代化注入源源不断的强劲动能。在全国掀起学习党的二十届三中全会决议的热潮中，联盟定于 2024 年 11 月 7—10 日举办第五届全国高校秘书事务所联盟大会暨秘书教育与发展新质生产力论坛。这一盛会旨在汇聚全国高校秘书学界的精英力量，共同探讨发展新质生产力背景下秘书教育的新使命、新挑战与新机遇，携手推动秘书教育事业的蓬勃发展，为中国式现代化的伟大征程贡献智慧与力量。现将有关事项通知如下。

一、会议组织

指导单位：教育部职业院校教育类专业教学指导委员会文秘专委会

中国对外经济贸易合作企业协会

中国外经贸企协全国外经贸从业人员考试中心

主办单位：全国高校秘书事务所联盟

承办单位：广东科学技术职业学院、中创慧文（北京）科技有限公司

协办单位：广科院慧文秘书事务所

二、参会对象

各高等院校、中等职业学校秘书学专业、文秘类专业教研室主任、专业负责人、骨干教师，全国高校秘书事务所联盟成员，联盟内各秘书事务所老师代表、学生代表，相关企业代表。

三、会议时间及地点

（一）会议时间

2024 年 11 月 7 日（周四，全天报到）—11 月 10 日（周日）

（二）会议地点

广东科学技术职业学院（广东省珠海市金湾区）

四、会议主题

（一）教师论坛

1. 新质生产力对秘书教育的影响与对策
2. 人工智能技术在秘书类专业教学中的应用
3. 数字政务、政校企融通实践探索
4. 元宇宙课程教学实战体验
5. 智能办公企业展示与交流
6. 全国高校秘书事务所联盟第五批联盟成员授牌
7. 秘书摄影技能比赛颁奖仪式

（二）学生论坛

1. 秘书事务所建设经验交流
2. 秘书事务所成员与企业大咖交流座谈会
3. AI 办公技能实战训练营
4. 秘书事务所成员素质提升联谊会

五、住宿及报到安排

六、会务费及缴费方式

七、会议联系人

模块三　新媒体编辑技能实操

项目六

撰写与编辑微信推文

项目综述

微信公众平台简称公众号，能够为个人、企业和组织提供业务服务与用户管理。通过微信公众平台，可以完成品牌宣传、活动推广和企业管理。微信推文写作与编辑能力是企业文职人员必备的能力。

学习目标

知识目标

1. 掌握微信推文写作注意事项。
2. 熟记微信推文排版原则和排版技巧。

能力目标

1. 能够根据受众诉求和写作目标，快速写出表意精准、创新性强、符合平台调性的微信推文。
2. 能够运用秀米平台排版技巧，编辑出阅读体验感强的微信推文。

素养目标

1. 培养审美情感，强化美育素养。
2. 培养持续学习、主动学习的学习态度和学习习惯。

任务一　认知微信公众平台功能

情境导入

很多企业都在用微信公众平台辅助完成工作任务。有的是用微信公众平台进行活动宣传和品牌推广，有的是用微信公众平台为用户提供服务和业务支持，有的则用微信公众平台实现企业内部管理。王诚也想申请个人的公众号，但是他在申请过程中有一些疑惑。因为申请类型有订阅号、服务号和企业号，王诚不知道它们的功能分别是什么、它们之间的区别是什么。所以，在申请微信公众号之前，先要明白微信公众平台的功能与作用。

课前思考

请大家查阅资料，了解微信订阅号、服务号和企业号的区别，并分析《人民日报》公众号平台属于哪一类公众号。

一、微信公众平台对企业的作用

企业之所以要做微信公众号，主要是因为微信拥有庞大的用户群，哪里有人，哪里就有商业，哪里就有盈利空间。

（一）方便企业宣传

企业要实现更好的形象塑造、品牌传播以及活动推广，就需要先建立自己的新媒体传播平台。而在众多平台中，微信依靠其数量庞大的用户群以及免费功能优势，获得了企业的青睐。

（二）实现客户关系管理

每个订阅了微信公众号的用户，其行为数据都会被记录到后台数据库中。企业如果善加利用分析，就会提升用户体验、提高转化率。

（三）充当公司业务平台

在微信平台，用户可以实现在线购买行为，企业也可以有效实现活动宣传、人才招聘、商品促销、互动交流等系列活动。

二、微信公众平台的分类

（一）订阅号

订阅号指的是媒体、个人向关注者提供信息的一种公众号，其定位是资讯平台，主要为用户提供信息和资讯。因此，用户只要关注某个订阅号后，每天都会收到该订阅号发送的信息。

订阅号的基本功能是每天发布一条消息，每条消息最多包含 8 篇文章。一些早期申请的订阅号，或者受到微信官方邀请的媒体性质的订阅号，拥有一天发送多条消息的权限，如《人民日报》订阅号（见图 6-1）。

图 6-1 《人民日报》订阅号

我们经常说的微信营销，一般情况下，都是用的微信订阅号。企业和个人可以通过微信订阅号这个平台传递品牌故事、宣传产品理念、塑造品牌形象、挖掘潜在用户、聚拢忠实粉丝、互动交流、销售产品等。

（二）服务号

服务号旨在为用户提供与企业相关的服务，适用于银行、酒店、航空公司、政府之类的组织。它以服务为主，只有企业或者组织才能够申请开通，个人是不允许申请的。

服务号每月发送 4 条信息，主要定位是“服务”，不像订阅号那样具有明显的宣传和媒体属性。服务号影响着客户体验，如果服务到位，消费者对该企业的认可度就会增加，对产品的复购以及粉丝忠诚度的提升都大有裨益。中国建设银行服务号如图 6-2 所示。

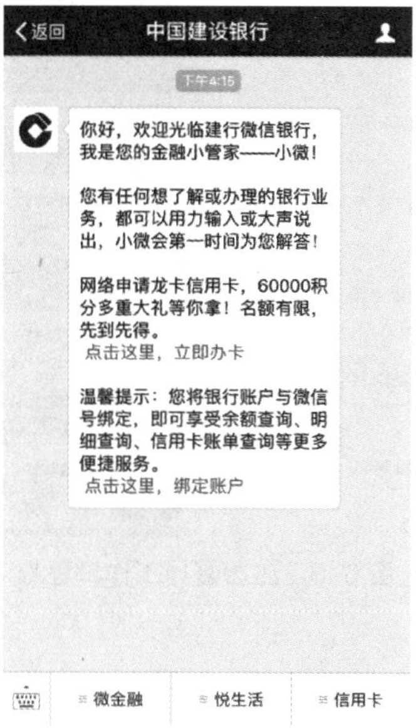

图 6-2　中国建设银行服务号

课堂讨论

请列举你关注的服务号，并分析其功能。

（三）企业号

企业号是政府、企业等单位用于内部及上下游之间管理的公众号，它为组织管理提供更加便利、有效的渠道，降低组织管理和内部沟通成本，优化办公流程，提高办公效率。

企业号的应用范围非常广泛，可以用于政府、公安、教育、酒店等领域，帮助组织建立自己的生态系统，连接组织内部员工、合作伙伴及内部系统和应用，使组织的业务和管理更具互联网特点。

案例链接

哈根达斯通过企业号让“巡店”标准化、及时化、移动化

哈根达斯共有 300 多家门店，分布在全国 60 多个城市，巡店管理是公司运营的例行工作。

巡店督导能根据企业号内置巡店模块的巡店要求，进行各个细项的检查。一旦发现门店陈列存在问题，就可以在现场制作巡店报告，以图片、文字、打分的形式描述存在的问题，评估结果可以即刻发送给管理人员，相应的解决方案也可以即时以微信的形式传达至店长。

企业管理者可以通过企业号以多种维度查看门店的巡店报告、总结门店运营中的共性问题，甚至可以通过巡店次数、照片数、评论数的汇总，对巡店督导进行管理和考核（如图 6-3 所示）。

图 6-3　巡店督导工作日程表

课后练习

1. 请看下列案例，根据内容判定它是来自订阅号、服务号还是企业号。

有这类行为，封号！微信最新公告

近日，微信安全中心发布最新公告：严厉打击网络诈骗行为，对确认存在欺诈行为的账号、支付账户进行封禁、冻结等处理。

网络诈骗是指犯罪分子编造虚假信息，设置骗局，通过互联网对受害人实施远程诈骗，诱使受害人给犯罪分子打款或转账的犯罪行为。随着移动互联网的发展，网络诈骗犯罪更加隐蔽化、智能化、手法多样化，常见的高发诈骗类型有：刷单兼职类诈骗、网络贷款类诈骗、冒充客服退款类诈骗、投资理财类诈骗、虚假购物服务类诈骗、“杀猪盘”诈骗、冒充领导熟人类诈骗、冒充“公检法”类诈骗、网络游戏虚假交易类诈骗、注销贷款信用卡类诈骗……这些诈骗行为严重影响微信用户的合法权益，破坏平台的生态环境。一直以来，微信持续对平台内发生的各类欺诈行为进行重点关注、坚决处理、严厉打击。

根据国家相关法律法规及《腾讯微信软件许可及服务协议》《微信个人账号使用规范》，在核实用户投诉提交的证据后，对确认存在欺诈行为的账号，微信方面视其违规程度，进行功能限制、账号封禁等阶梯式处理，对确认欺诈的支付账户进行冻结等处理。

2023 年以来，微信共计对 35 312 个确认存在欺诈行为的账号进行了阶梯式处理，对 10 896 个确认存在欺诈行为的微信群进行了限制群功能（封群）处理。

微信方面表示，后续仍将加强对网络诈骗行为的处理。同时，平台会依法配合公安机关开展相关工作，进一步打击违法犯罪、作恶团伙。

大家在使用微信过程中遇到系统的安全提示时，请务必提高警惕，仔细核查对方身份，谨防诈骗。

微信方面提醒大家，在使用微信和他人沟通时：

（1）涉及转账、汇款等资金交易，务必通过电话、视频等方式仔细核实对方身份，谨防诈骗。

（2）当遇到微信发出的各类安全提示时，提高警惕和防范意识，不轻易转账、汇款，不轻易泄露个人信息。

（3）不扫描不了解的二维码，不随意点击未知链接，不下载安装来历不明的App，不轻易泄露自身各类密码和短信验证码，不轻易给陌生人开启手机、电脑屏幕共享功能。

（4）当遇到诈骗或者可疑情况时，请及时进行投诉。如有金钱损失，请马上报警。

微信方面表示，对利用微信实施欺诈行为的账号，一经确认，将对违规账号进行梯度处罚直至封停处理，并将审核结果反馈至投诉用户。

如遭遇欺诈，可通过以下方式进行投诉。

（1）投诉个人用户：微信对话窗口→右上角…→投诉→选择投诉该账号的原因→提交投诉证据。

（2）投诉微信群：微信群聊窗口→右上角…→投诉→选择投诉该群的原因→提交投诉证据。

（3）通过小程序举报：搜索“腾讯卫士”小程序→网络诈骗→举报账号→填写举报内容→点击“提交”。

2. 请根据图 6-4 的内容，判断其来自订阅号、服务号还是企业号。

图 6-4　微信截图

任务二　注册微信订阅号

情境导入

通过学习微信公众平台的作用和分类，王诚将自己的微信公众平台确定为“微信订阅号”类型。在订阅号注册过程中，他发现最难的是微信公众号取名。到底应该给自己的微信订阅号起个什么名字？取名要注意哪些问题？这是他在微信订阅号注册的时候需要重点考虑的问题。

课前思考

1. 如果你要给自己的微信订阅号取个名字，你会取什么名字？为什么？
2. 如果你要给学院的微信订阅号取个名字，你会取什么名字？为什么？

一、微信公众号注册流程

（一）登录微信公众平台官网

百度搜索“微信公众平台”，找到微信公众平台官网即可进入（如图 6-5 所示），也可以通过网址 https：//mp.weixin.qq.com 直接进入。

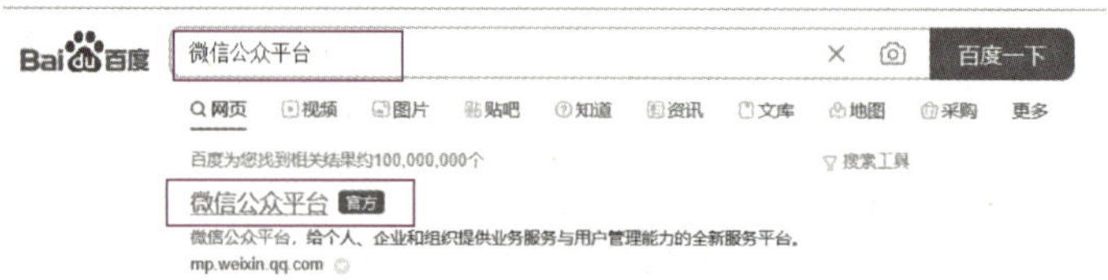

图 6–5　搜索微信公众平台官网

（二）注册微信公众号

1. 点击“立即注册”按钮

单击微信公众平台主页右上角的“立即注册”按钮（如图 6-6 所示），即可根据提示步骤开始注册。

图 6–6　注册微信公众号

2. 选择账号类型

选择需要的公众号类型进行注册。

3. 完善账号信息

根据所选择的公众号类型提示，完成注册工作。

二、微信公众号取名技巧

名字是公众号给人的第一印象，是品牌标签，对公众号具有至关重要的作用，不能随便乱取。那么，该如何给公众号取名呢？

（一）微信公众号取名原则

1. 名字要简洁好记

好记的公众号名字能让人印象深刻、过目不忘，用户当下或者后续关注的可能性较大。比如“粤省事”，这个名字在广东地区很容易被人记住，后续关注的时候也能够迅速记起。繁复拗口的名字往往不容易被人记住，也很难给人留下深刻的印象，后续关注的可能性不大。

2. 名字要容易理解

好的名字应该很容易让用户理解，让用户第一眼看到名字后，就知道这个公众号会写什么内容，从而降低了用户教育成本，如“樊登讲书”；相反，如果名字本身让人不知所云，或者说名字中有一些生僻字，那么用户第一眼看到的时候就很难理解公众号是写什么内容的，这无疑增加了用户教育成本。

3. 名字要容易传播

好的名字应该比较容易传播，读起来朗朗上口，方便大家口口相传。要避免任何增加传播成本、意义不明的用语或者字词，晦涩难懂的名字在传播效果上也会大打折扣。

（二）微信公众号取名方法

1. 根据目标受众特点取名

在创建公众号之前，要对所创建的公众号进行定位，明确所传达信息的主题、目标受众等。根据目标受众的年龄、文化背景、性别、职业等各方面特征，了解他们有哪些精神需求和物质需求，从而确定公众号名字。例如，要创建一个汽车领域的公众号，首先应对目标受众进行分析，关注这个公众号的目标受众是已经有车，或者没有车，但是对车很有兴趣、将要买车的人。行业内有个公众号的名字叫“有车以后”，用简单好记的四个字，就体现出了公众号的主题以及目标受众的特点。

2. 名字突出目标受众需求

我们知道，任何一种产品，包括网站、App 都可以满足用户某方面的需求。同样，公众号作为一种产品，也要满足不同用户的需求。比如汽车领域有两个大号，都是直击目标受众的痛点需求来取名的，一个叫作“微信路况”，另一个叫作“查违章”。从名字就能看出来，这些公众号可以满足车主们查路况、查违章的需求。通过精准需求定位，这些公众号就比较容易对其目标受众进行推广和传播。

3. 结合微信公众号运营者的兴趣取名

找到公众号运营者的兴趣与受众需求的契合点，在此基础上运营的公众号更容易保持可持续发展。如果只是为了突出新意，追求热点，选择自己不擅长的领域进行取名和运营，写出来的对应领域文案就会缺少内涵，所运营的公众号也就不易垂直发展。

4. 结合关键词取名

为公众号取名，有时候就像给文章起标题一样，最好能简单、直接一些。我们要建立某个领域的账号，直接结合这个领域的关键词，再加一个名词或形容词组合一下也可以。比如“十点读书”公众号，通过这个名字，我们就能判断出账号的发文时间。这样的名字非常有辨识度，甚至可以培养用户的阅读习惯。

5. 借助运营者名称取名

对一些比较有名的作者来说，可以直接通过他们的名字或者艺名来命名公众号。因为这些作者的名字本身就是一个招牌，直接利用人名来命名，能吸引更多人气。很多知名的个人类型公众号，都是通过这个方式命名的，比如“秋叶大叔”等。一些企事业单位以及政府部门的公众号通常运用自己的名称来命名，比如“人民日报”“和君商学院”“广科院招生办”等。

6. 通过热词组合取名

我们可以通过一些大数据网站，如站长工具、百度指数、新浪微博指数、阿里指数等网站，判断出网民对于某一领域的普遍需求是什么，从而组合相关热词，为公众号命名。以心理类为例，通过百度指数能看到，网友普遍对心理咨询、犯罪心理学、幼儿心理等细分领域更感兴趣，那么命名公众号的时候，就可以朝这些方向靠拢。

课堂讨论

请你列举喜欢的、常用的微信公众号名称，并分析其起名方法。

三、微信公众号取名注意事项

（一）呈现精准的关键词

微信公众号取名一定要有关键词，没有关键词的公众号不易被搜索到，曝光度就很低。同时，关键词要精准。如公众号定位是“手机构图摄影”，那么“手机构图教程”的名字就比“构图教程”的名字要好。

（二）做好垂直领域写作准备

对于已经关注了公众号的粉丝来说，他们关注是为了满足某方面的需求。要么是因为公众号的相关文案有趣，要么是因为公众号的相关文案有料。所以在取名之后，文案工作人员一定要围绕微信公众号命名的方向进行文案写作，围绕命名的点进行深度挖掘，写出系列垂直领域文案。

（三）禁忌生僻字、火星文和符号

如果公众号名称用字太生僻，难免会出现别人不认识而导致放弃的情况。一般来说，大部分人不会刻意去搜索有生僻字的公众号。另外，在公众号名称中，尽量不要出现“火星文”和符号，除非受众群体是“火星文化”爱好者。

课后练习

如果班级要建立一个微信订阅号，请开展头脑风暴，为班级微信订阅号取名。

任务三　撰写微信推文

情境导入

微信订阅号平台的写作是新媒体文案写作的一部分，所以其写作思路、写作策略、写作技巧与新媒体文案一致。王诚想知道微信订阅号平台写作有哪些需要特别强调的内容，这样就可以进行有针对性的写作了。

课前思考

请阅读这则微信推文，分析这篇微信订阅号文案的受众是哪些人，正文内容呈现方式是什么。

这所学校真香！7点前早餐半价！

近日
一所学校因早餐而火了
网友都说
“叫醒学生的不只是梦想
还有热气腾腾的半价早餐！”

原来
浙江绍兴职业技术学院推出了
限时半价早餐活动
不论是包子馒头瘦肉粥
还是面条馄饨蛋炒饭
只要在早晨7点前用餐
都是半价
得知这一消息
同学们纷纷早起

活动第二天
早上 6 点 15 分左右
食堂里的早餐档口
就已经排起了长龙

校内国金餐厅经理李建国介绍
自开展福利活动后
7 点前堂食的学生
比往常多了几倍

“寒假后回到学校
作息时间有点调整不过来
以往会因为赶不上吃早餐
饿着肚子上课”
早起吃饭的徐尉程同学表示
现在晚上早点休息
第二天早起吃个热腾腾的早餐
感觉精神很振奋

据了解
本次半价早餐活动
以学校补助、食堂让利的方式
在绍兴职业技术学院校内
4 个餐厅同步开展
2 月 13 日开始
为期 21 天
旨在帮助同学们养成早起习惯
学校老师说
希望通过这个活动
营造积极向上的
校园生活、学习氛围
鼓励和调动同学们早起学习、锻炼
投入紧张的学习生活中

其实
多年后再回望
能想尽方法疼爱你的
除了家人
就是母校

微信公众平台文案与新媒体文案的写作思路、写作策略与写作技巧一致。本次任务主要结合微信文案实例，从文案定位、标题制作、正文写作、摘要写作四个方面，有针对性地强调以下内容。

一、微信文案定位

运营微信公众号之前，一定要进行一系列定位。一般情况下，定位要考虑四个方面的内容。

（一）选择公众号的类型

新媒体运营者在定位之前要进行自我思考，找到定位的关键点。运营者要根据自身情况选择公众号类型。如果是自媒体商家，可以选择订阅号；如果是以服务为主的行业，就选择服务号；如果是进行企业内部管理，就选择企业号。

（二）进行垂直领域创作

要根据内容定位进行垂直领域创作。内容定位主要考虑两个方面：一是明确公众号的业务范畴；二是明确目标受众。

1. 明确公众号的业务范畴

（1）所运营的公众号是干什么的？

（2）所运营的公众号能为用户解决什么问题？

（3）和同类公众号相比，所运营的公众号有什么特点或者优势？

对个人微信公众号来讲，运营者要找到个人兴趣爱好、专业特长与受众需求之间的契合点，进行微信公众号内容定位；对于企事业单位以及政府部门运营的微信公众号来说，要找到受众需求与部门文化的契合点。明确了内容定位，接下来的工作就是围绕内容定位，进行深度挖掘，推送垂直领域文案。

要持续做垂直领域文案，文案工作人员就一定要在这个环节学会资源盘点。首先，思考一下自己对哪个领域的话题有独特的了解，即“超越一般用户平均程度的理解”，也就是在哪个领域比受众懂得更多。其次，新媒体文案人员要考虑自己最擅长哪种内容表现形式，是写文章、摄影还是拍视频。最后，考虑受众最喜欢哪种内容呈现形式，找到自己擅长与受众喜爱的契合点进行写作。

2. 明确目标受众

一般情况下，进行受众需求调研，要明确如下内容：

（1）目标受众基本信息，即年龄、性别、爱好、收入、职业、婚姻等。

（2）目标受众手机依赖性，包括手机用途、查看微信公众号文章的时间段、线上信息浏览足迹等。

（3）目标受众阅读特征，包括微信公众号阅读习惯、阅读主题、阅读方式、阅读倾向等。

除此之外，运营者在经营自己的公众号时，还要对自己平台上发表的文章做好把控。不能发布内容低俗、与平台定位无关以及内容与标题严重不符的文章。

（三）思考定位竞争策略

微信公众号营销成为目前比较火热的营销工具，要在海量微信公众号中脱颖而出，就必须打造独具特色的微信公众平台。这需要微信运营者差异化定位产品和服务。

（四）明确定位内容表现形式

在微信公众平台上，企业展示的内容主要是文本、图片和视频。想要通过独特形式展示完美的内容，除了要了解上述三种常用形式外，还要对微信平台内容表现拓展形式有一定的了解。比如 H5 页面展示内容、微信语音推送等。选择表现形式的依据是目标受众的阅读习惯和推送文章的主题。

二、微信推文标题的写作策略

用户是否会打开一篇文章，80% 取决于标题，所以一个好的标题对阅读量的提升至关重要。请参考新媒体文案标题写作部分制作微信公众号标题，写出对用户有用、替用户说话、引用户共鸣的标题。

（一）反映关键信息

当前生活节奏较快，人们的时间碎片化，阅读信息时以浅阅读为主，比如，在等公交、坐地铁、候机时，打开微信公众号，都是快速划动，明显缺乏仔细阅读的耐心。因此，重点不突出的推文标题显然难以吸引受众。所以，媒体编辑在设计微信公众号推文标题时，要提炼最关键的信息，在 1 ～ 3 秒内抓住受众的注意力，有效地提高微信公众号推文的点击率，吸引受众进一步阅读推文内容。例如，“辞职闯荡天下，他是否能看到诗与远方？”，该标题将“辞职”二字放在最前面，将“诗与远方”放在最后，前半句重在陈述事实，后半句则是将视线投向未来，吸引受众关注人物的命运。当受众的视线在前半句短暂停留时，自然会对后半句的内容产生好奇，进而点开文章阅读，获取自己想要的答案。

（二）找准受众的痛点

在互联网海量信息面前，受众选择性注意到的，往往是与自身相关的内容。所以，在制作微信公众号推文标题时，还需要适当揣摩受众的心理。只有这样，才能直击受众的痛点，使其产生共鸣。

比如，很多微信公众号推文标题经常采用“高效率”“逆袭”“内卷”等词汇，从而更好地适应当前受众的需求；还有部分微信公众号推文标题采用“震撼”“直击现场”等关键词，满足受众好奇心理；还有部分媒体在发布微信公众号推文时，采用方言进行表达，或者在标题中采用“你”“我”等词语，进一步缩短和受众之间的距离。上述做法都可以显著地增加推文的吸引力，提高点击率，增强传播力。所以，在制作微信公众号推文标题时，需要分析受众的心理需求，根据受众的痛点合理地运用不同的关键词汇，才能获得事半功倍的效果。此外，在微信公众号推文标题中，媒体编辑还可以采用关键词给推文贴标签，进一步扩大推文传播的效力，比如“必看”“热点”“吐槽”等，通过标签化的语言适应受众的浅阅读习惯，增强受众黏性。

（三）恰当运用标点符号

在制作微信公众号推文标题时，还可以通过运用标点符号来增强推文的感染力。一是运用问号，激发受众的求知欲。比如，“2023，会比 2022 更艰难吗？”，这个标题本身也是受众关注的焦点，再加上最后的问号，自然很容易吸引受众围观和讨论。二是采用省略号，简化标题，激发受众主动想象。比如，“新产品上线本想大卖，结果……”“抓捕现场意外出现一个人，让民警集体说谎……”，由于标题中并未说清后续内容，受众自然会忍不住发挥想象，然后点开推文阅读，验证推文内容与自己的想象是否一致。三是采用感叹号，增强标题的情感色彩，调动受众的情绪。比如，“彭小桐，我们都知道你考上研究生了！”该标题正是通过运用感叹号，渲染肯定氛围，突出功夫不负有心人的毅力和拼搏精神，从而增强推文传播的效果。

（四）合理引用生动的网络热词

网络热词是基于移动网络环境出现的产物，它能够快速流行，是因为符合大众的使用习惯，所以，在制作微信公众号推文标题时，可以引用部分生动的、具有正能量的网络词汇如“洪荒之力”“打 call”“老铁”“出圈”等，让微信公众号推文标题更有“网感”，从而得到受众的青睐。带有网络热词的标题可以带给受众极强的亲切感，成功引起受众的关注，如“扎心了老铁，年轻人结婚，谁该买单？”“好消息！新交规使出洪荒之力”等。在制作微信公众号推文标题时，通过运用网络热词，既向受众传递信息，又引发受众的阅读兴趣。此外，网络热词来源于广大受众，不仅具有传播信息的功能，还带有文化层面的认同感，可以引起受众共情，从而增强推文传递的效果。比如，“好哇塞”表示惊讶的感叹语，相当于“天哪”“了不得”；“天花板”指无法超越的“最高点、顶峰”，流行于不同领域：容颜俊美称“颜值天花板”，社交能力超强称“社交天花板”，带货能力突出称“带货天花板”，大学生军训动作标准称“军训天花板”，足球队、篮球队前锋球技出众称“前锋天花板”，等等。

（五）巧妙运用多种修辞手法

在制作微信公众号推文标题时，还可以通过运用不同的修辞手法来增强标题的表达效果，更好地抒发情感，从而给受众留下深刻的印象。常用的修辞手法包括比喻、反问、夸张等。新媒体编辑可以根据报道内容，结合具体的需求进行选择。“紧急！ 8 级大风＋暴雨＋雷暴即将杀到！珠海将开启‘雨雨雨’模式，更夸张的是……”通过使用数量词、重复词、紧急表达等方式，增强推文的冲击感，成功吸引受众视线。“篮球女孩长大了！”通过比喻的方式，描述文章主角，唤醒受众之前的回忆。“千滚水、隔夜水不能喝？看完终于明白了……”用疑问语句，激发受众好奇心。

三、微信推文正文的写作策略

微信推文正文写作模式、写作思路与新媒体文案写作模式、写作思路一致，具体内容请参考“新媒体文案写作思维”“新媒体文案写作内容”“新媒体文案写作技巧”三部分。微信推文正文写作主要思路如下。

（一）抛出悬念＋解密原因＋升华主题

第一部分：设置悬念或者抛出亮点，引发受众关注和阅读兴趣；第二部分：写明原因，答疑解惑；第三部分：用网友评论或者作者短评升华主题。

凌晨 4 点，92 岁奶奶喊醒一条街……

《人民日报》，2023-04-18 07:49 发表于北京

4 月 14 日凌晨 4 点

浙江桐乡永宁社区一位92岁的老人
在小巷不停大喊大叫
挨家挨户敲打门窗
邻居们都被她吵醒了
可没有一个人怪她

这位92岁的老人
名叫朱引宝
她在起夜时听到
楼上传来“噼啪噼啪”的声音
朱奶奶越想越不对劲
颤颤巍巍地走上二楼
闻到了浓郁的焦臭味
发现原来是隔壁房子着了火

和朱奶奶同住的是74岁的丁阿姨
这栋房子里就只住了这两位老人
发现起火后
朱奶奶十分焦急
几乎是冲到丁阿姨房间门口
快点来呀！救火呀！救火呀！
连拍带喊，朱奶奶嗓子叫哑了
房间里的丁阿姨终于醒了
两位老人互相帮助顺利逃出火场
此时，火焰已经烧到了房顶

永宁社区属于老社区
附近几条街巷住的皆是老人
朱奶奶顾不得穿好衣服
和丁阿姨急急忙忙赶到巷子里
一边敲打其他邻居家的门窗一边喊大家报警
连上楼都觉得费劲的朱奶奶
在几十米长的巷子里一趟趟来回跑动
被叫醒的邻居们互相扶持、互相关照
在十几分钟内平安地逃到室外空地上
由于火灾发现及时并未造成人员伤亡
“非常感谢朱阿姨
要是没有她一家一家叫
我们可能不在这个世界上了”

丁阿姨代表邻居对朱奶奶表示了感谢

朱奶奶则表示

“救命顶要紧，没事情就好”

一个人，救了一条街

朱奶奶，您是英雄！

【案例解析】

第一部分设置悬念：凌晨4点，老人在小巷不停大喊大叫，挨家挨户敲打门窗，邻居们都被她吵醒了，可没有一个人怪她。用3～5句话，将悬念抛出，呼应标题即可，不需着墨太多。

第二部分解密原因：讲解了老人大喊大叫的原因和过程。这一部分是主题的详细展开。在简要指出原因的同时，注重语言、动作、行为等方面的细节描述。如，听到“楼上传来‘噼啪噼啪’的声音”“颤颤巍巍地走上二楼”“闻到了浓郁的焦臭味”几乎是“冲到丁阿姨房间门口”“快点来呀！救火呀！救火呀！”“连拍带喊”“嗓子叫哑了”等。

第三部分升华主题：“一个人，救了一条街。朱奶奶，您是英雄！”这一部分是点睛之笔，用2～3句话提升即可，也可通过网友评价截图或者周围人的评价短视频进行呈现。

（二）并列式

有两种写法。第一种是直接提出分论点，形成并列关系。如《一个人最好的生活方式》；第二种是先有针对标题的简短引言，再提出具体的分论点。

一个人最好的生活方式

1.运动强身

有人说，“运动，是对抗岁月最好的武器，也是保持健康最好的秘籍”。运动能够强身健体，长期坚持运动和从不运动的人，差距最大的地方就在于身体素质，而这个差距还会随着年龄的增长不断拉大。

长期缺乏运动，会使身体的器官机能大幅下降，各类疾病也容易随之而来。而经常运动的人，身体状况要比不运动的人好。

一个人要想拥有健康的体魄，唯有克服懒惰，坚持运动。养成运动的习惯，保持运动的状态，身体自然会给你最好的反馈。

2.阅读强脑

很多人说起读书，都会有这样的感受：小时候读过的书，长大后书名和作者都忘记了，情节也记不太清，但是自己被某个细节深深地震撼过，持续了几十年，影响了自己的整个人生。这就是读书的意义，所有认真读过的书都会融进灵魂，沉淀成智慧，静静地待在心灵深处，只要被触动，就会喷薄而出。

读书，无疑是提升认知最好的方式。持续而大量地阅读，不仅能让人习得新的技能和本领，更会增长自己的见识、丰富人生的体验。人生的淡定和从容，都是从学到的知识中修炼来的气定神闲。

爱读书的人，心灵有温度，乐于感知世事百态；爱读书的人，生活有情趣，不会因现实的琐碎而放弃思考。

3. 独处强心

独处并不意味着要拒绝与人交往，而是为自己保留一个开阔的空间、一种内在的从容，还自己一份清净、一份纯粹。越简单的生活，越宁静的心，才能收获越多的幸福。

试着给自己留一点独处的时间：工作一段时间后起身到窗边看看天；途经书店进去看看新书；孩子熟睡后给自己倒杯牛奶……享受与自己相处的时光，在内心修篱种菊，于无人处静观云卷云舒，淡看花开花落。

当你学会和自己相处，独处时的宁静就不会再让你感到寂寞，反而会给你带来源源不断的能量。当你拥有了独处的能力，才能活出独立的人格，成就更强大的自己。

【案例解析】这篇推文没有引言，直接分条列款提出分论点，简单明了。每个分论点处，都有典型性的解决对策，具备较强的实用性。

（三）倒金字塔结构

倒金字塔结构是按照新闻价值的大小，即新闻事实的重要程度、新鲜程度，以及受众感兴趣的程度等，依次将新闻事实写出的一种结构形式，是一种传统的消息结构形式。由于这种结构前边重、后边轻，上头大、下头小，所以称为倒金字塔结构，如图 6-7 所示。

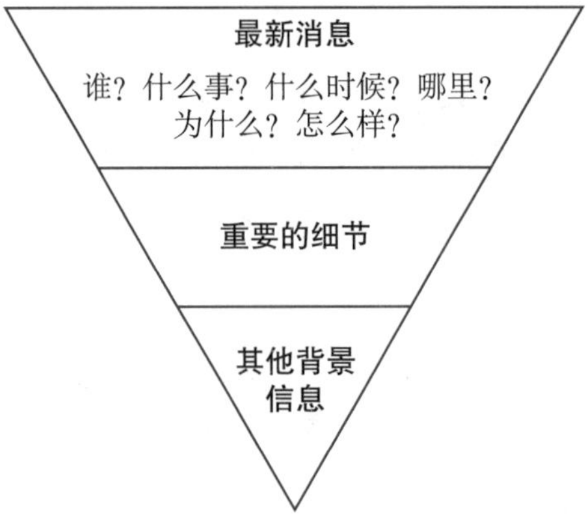

图 6-7　倒金字塔结构

习近平同法国总统马克龙在广州非正式会晤

4 月 7 日下午，国家主席习近平在广州松园同法国总统马克龙举行非正式会晤。

习近平在水岸迎接马克龙，两国元首亲切握手。

习近平同马克龙在庭园散步，不时驻足交谈，饶有兴致地观赏岭南园林的独特景致。

【案例解析】此文运用倒金字塔结构进行写作。先写最新信息，呈现消息的时间、地点、人物和事件等重要信息；而后，写重要的细节。根据细节的重要性，由迎接场景到庭园散步依次排列。

课堂讨论

请阅读《一篇 20 万 + 的微信推文是如何产生的》，谈谈你对媒体人工匠精神的理解。

一篇 20 万 + 的微信推文是如何产生的

阅读量 20 万 +，点赞 5 000 余条，评论过千……2021 年 12 月 17 日 14 时 26 分，湖北日报官方微信公众号推文《汉阳区委书记：知音在此，约起！》，发布后 24 小时内即收获“10 万 +”，并在接下来的 6 个小时内，实现阅读量翻倍。

这篇推文是“《湖北日报》破冰与突围·县（市、区）委书记全媒体纵横谈”系列访谈的第 91 篇，也是进入“武汉时间”的首场访谈，拉开武汉市各区委书记访谈的序幕。

作为武汉首场区委书记访谈，作为首次从写稿到出镜的记者，一切都是全新的，一切都是挑战。

发挥纸媒记者优势——用“写稿思维”做人物访谈。

2021 年 12 月 2 日，在敲定汉阳区委书记来报社录制访谈的时间后，接下来的一个星期里，准备访谈提纲，成为最重要的工作。

从 12 月 5 日第一版访谈提纲出炉，到 12 月 10 日下午访谈录制当天，访谈提纲“每天不一样”，其中，3 次修改是颠覆性的。

第一版访谈提纲准备了 4 个问题方向。围绕汉阳概况、汉阳党建引领基层社会治理亮点工作、汉阳“十四五”规划，以及现场带货发问。但是，当开始针对问题准备回答的内容时，访谈提纲本身的问题首先暴露出来——提问的铺垫太长、所提问题太大，因此，回答只能概而全，不生动、少细节。书记大段念稿，无法与主持人现场互动。

在与书记当面沟通后。第二天，第二版访谈提纲出炉。4 个方向不变，但具体问题细化为 10 个：分别为汉阳“四张名片”、“四区两带”空间发展格局等。这 10 个问题，涵盖了汉阳最亮眼的工作成果。直到后来录制访谈，方向没有再大动过。在问题设置时，见报稿、微信推文的主题和内容也在同步构建 。或者说是“写稿思维”主导了访谈问题的设置，令访谈重点突出，稿件吸睛出彩。

12 月 8 日晚，与书记再次面对面“彩排”后，发现回答的用语过于书面化，不适合访谈现场的口语化表达。12 月 9 日，录制的头天晚上 10 时 30 分许，书记的回答内容全部更新，有举例、有细节，口语化表达，更能引发共鸣。

最终，这 10 个问题和回答，均围绕建设“宜居宜业新汉阳”的“破冰与突围”来谈，不仅呼应了此次系列访谈的主题，还体现了汉阳独有的特色——创新基层社会治理、大胆谋求经济转型、持续优化营商环境，为后期见报稿件和微信推文打下坚实基础。

学习口语化新话式——提问不剧透，细节拉近距离。

拿到书记最后一版回答时，距离第二天下午 4 时的访谈录制开始还有 16 个小时。在这 16 个小时里，记者做了一个大胆的决定：颠覆之前的全部提问，并且直到开始正式录制时，书记才知道。虽然访谈 10 个问题的回答没变，但主持人的话语是全新的。

尤其是访谈的开场白，令书记耳目一新，注意力很快集中起来，迅速进入访谈状态。

在之前的版本中，访谈的开场白是这样的——

大家好！欢迎关注“《湖北日报》破冰与突围·县（市、区）委书记全媒体纵横谈”，今天我们邀请到的嘉宾是中共武汉市汉阳区委书记徐丽。

现场录制的开场白，是这样的——

大家好！欢迎关注“《湖北日报》破冰与突围·县（市、区）委书记全媒体纵横谈”节目。我是今天的主持人，《湖北日报》记者×××。今天我们邀请到的这位嘉宾很特别，她是武汉疫情期间火线提拔的唯一一位区委书记，很多人称她为“最美书记”。不仅仅是因为她笑起来很美，还因为她坚守在战疫一线、奔波在基层一线的美丽身影。她就是武汉市汉阳区委书记徐丽。

在访谈提问中，记者大量加入自己在跑线过程中了解到的各种动人细节。比如——徐书记，每次您在各种场合说到汉阳的企业和产品时，都如数家珍，可见“汉阳造”是您的真爱。去年 5 月，您还现身公益活动，为汉阳本土企业直播带货，助力企业疫后重振，不知您还记得您当时说的开场白吗?

这样的访谈问题，口语化，接地气，很快拉近了与书记的距离，消除了紧张感，访谈越往后走，双方交流互动越自然。

为了能有更多主持人与书记面对面交流的镜头，记者还提前做好准备，将全部提问内容背下来。录制全程未看提词器，与书记面对面交流自如。

“做任何事情，就怕认真两字。汉阳这次访谈最大的优势，就是有一个非常了解汉阳的记者来做主持人。”在准备、录制访谈的整个过程中，汉阳区委书记徐丽多次点赞《湖北日报》。

当天上午 8 时许，融媒体微信开始制作集见报稿件、访谈视频、金句视频的汉阳书记访谈推文。前前后后，微信推文标题历经多个版本——“最美书记：汉阳，约吗？”“最美书记：知音故里觅知音，约吗？”“最美区委书记：知音等你，约吗？”……多轮打磨，最终敲定标题为“汉阳区委书记：知音在此，约起！”。当天下午 14 时 30 分许，推文一经发布，立即引发广泛转发、点赞，网友好评如潮。

四、微信推文的摘要写作策略

摘要是对标题和正文内容的一种补充。有些文案标题，受众不容易读懂真正的内涵，而摘要能起到补充和提示的作用。受众可以通过阅读摘要快速获取文案信息。所以，摘要写作要结合标题与内容，达到更好地传递文案主题、明确文案核心态度以及深层意境的效果。

多图文不支持摘要，只有在单图文的情况下才会显示摘要内容。填写摘要后，用户收到的图文消息封面会显示摘要内容。微信摘要写作位置如图 6-8 所示。

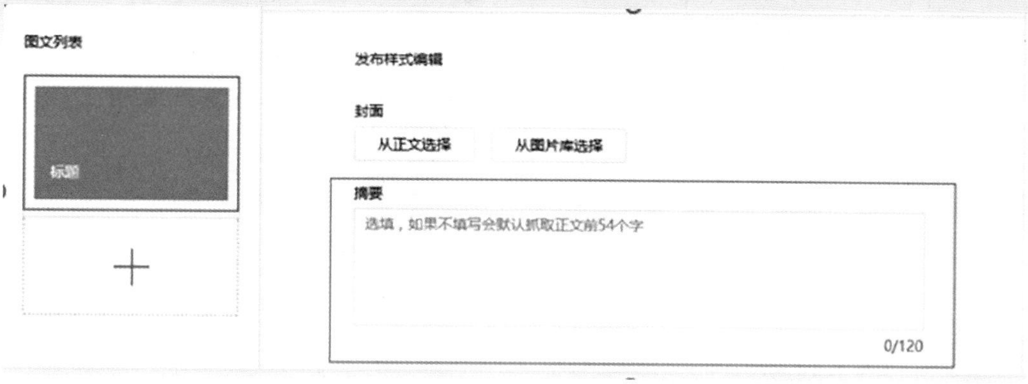

图 6-8　微信摘要写作位置

（一）摘要的三大作用

1. 进一步补充说明

大多数运营者写摘要都是要达到进一步补充说明的目的。标题写完之后，未说完待补充的话就要交给摘要进行补充。

2. 进一步引导受众点击阅读

当标题不够吸引眼球时，就要靠摘要来吸引受众。通过设置悬念，一句话只说半句或是只提到某个关键点，来增强吸引力，激发受众阅读兴趣。

3. 表明观点，突出态度

微信运营者通过公众号传达自身态度，表明立场，很容易引起受众做出“肯定或否定”的站队行为。所以，一定程度上，模棱两可的态度容易被受众遗忘。用标题抛出观点后，再用摘要进一步强化中心思想，观点冲击力会更加明显。

（二）微信推文摘要写作模式

摘要写作可分为两种：文章前半部分的内容 + 见解、文章的主要内容 + 见解。

1. 文章前半部分的内容 + 见解

这种摘要适合内容质量不是特别高的文案，采用这种方式来引导受众打开文章阅读，提高阅读量。这种摘要适用于新闻、热点事件、营销、娱乐、兴趣等主题的文案。如图 6-9 所示，文案标题是“来了！新闻早班车”，其摘要“昨夜，你错过了哪些大事？今天，有什么新闻将发生？”起到了概述性补充强调的作用。

2. 文章的主要内容 + 见解

这种摘要适用于质量很高的文章，受众需要精读。受众先通过摘要了解文章的主要内容，然后再去精读，吸收文章的精华。这种摘要主要适用于研究报告、干货、攻略、数据调查、演讲原文等，如图 6-10 所示。

图 6-9　文章前半部分的内容 + 见解类摘要

图 6-10　文章的主要内容 + 见解类摘要

“第一下掌声可能来得很晚，但只要你不放弃，它就不会缺席。”这个摘要是文案的核心思想，来自文案中的一句话，是文案的精华。

课后练习

1. 选择你喜欢的 5 篇微信订阅号文案，分享给全班同学，分析每篇文案的标题写作技巧、正文呈现思路。

2. 请结合当地文化特色，选择合适的受众，进行微信文案的策划与创作，宣传当地传统文化。

任务四　编辑微信推文

情境导入

微信订阅号文案写作思路与新媒体文案写作思路一致，但微信订阅号文案写作又有独特之处。王诚明确了这些之后，就迫不及待地在自己注册的微信订阅号平台发表文案了。他根据新媒体文案学习收获，站在学生角度，面向新媒体文案学习爱好者发表了一篇有关新媒体文案标题写作技巧的文案。写完这篇文案，他发现内容表达到位，但呈现形式非常单调，除了文字表述，只配了一张图片，达不到图文并茂的效果。别人的微信文案排版那么整齐、美观和大方，他们是怎么做到的？为此，王诚请教了“新媒体文案写作与编辑”任课老师。老师给他介绍了几款简单、易学和实用的微信编辑软件，同时，告诉他微信文案编辑的原则与技巧。王诚在老师的指导下，修改了自己微信订阅号的文案，使其达到了图文并茂的效果。

课前思考

请选择自己喜欢的 3 ～ 5 篇微信订阅号文案，从排版角度分析微信订阅号文案的排版规律。

随着微信的发展，微信公众号的体量越来越大，各种各样的排版工具应运而生。到目前为止，微信排版工具主要分为两大类：一类是公众号插件，如微信中的“壹伴”；另一类是外链排版工具，如 135 编辑器、秀米编辑器、小蚂蚁编辑器等。目前使用频率较高的是外链排版工具中的秀米编辑器。

秀米编辑器是一款功能强大的微信公众号编辑软件，它能帮助用户轻松对公众号进行编辑，如图片排版、文字排版等，适合初学者使用。秀米编辑器的独特功能是：能够绕过公众号直接生成链接，成为永久文章。同时它还具有独特的布局功能、在线动态 H5 海报制作功能等。在秀米平台，不仅能对微信公众号内容进行编辑和美化，还可以制作 H5。

秀米编辑器的优势和缺点如图 6-11 所示。

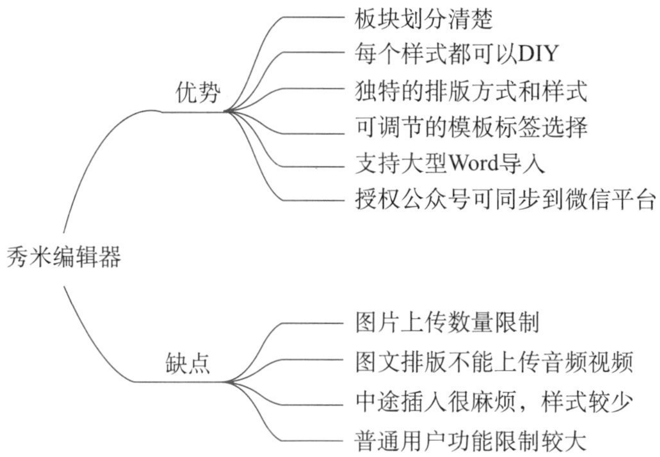

图 6-11　秀米编辑器的优势和缺点

一、秀米编辑器注册

（1）打开一个网址搜索栏，然后在搜索栏里输入“秀米”，点击后面的搜索选项，如图 6-12 所示。

图 6-12　搜索“秀米”

（2）找到秀米官网，如图 6-13 所示，完成注册工作。

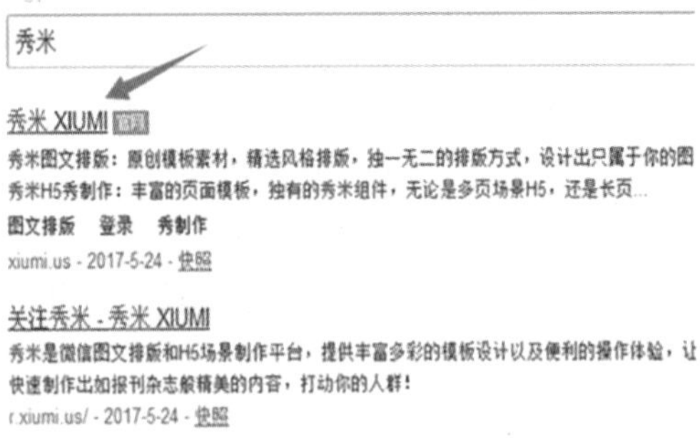

图 6–13　找到秀米官网

二、秀米编辑器使用流程

一篇完整的微信推文包括标题、摘要、正文和结尾四个部分。其中，标题和摘要的写作位置，在排版中有明确的提示。微信推文结尾（标注文章来源、编者信息、订阅号二维码等）的写作，遵循所运营微信公众号推文的惯用写作格式即可，这里不再赘述，以下重点介绍微信推文正文的写作。

（1）选择排版类型。

打开秀米编辑器首页，找到图文排版。图文排版中有“挑选风格模板”“图文新手指南”“新建一个图文”共 3 个模块。如图 6-14 所示。

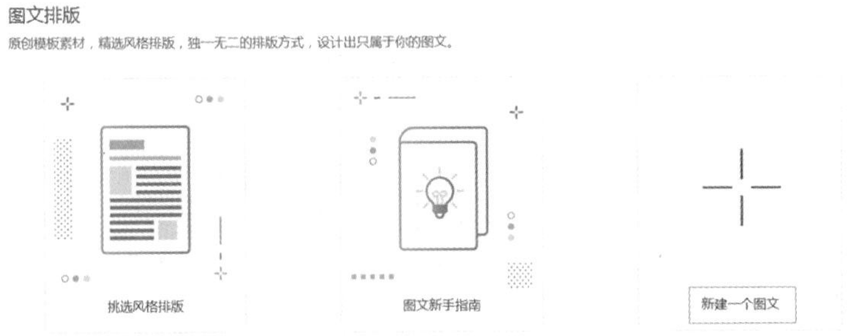

图 6–14　选择排版类型

对于新手来说，可以自学“图文新手指南”进行操作。在具体操作过程中，建议首选“挑选风格模板”，因为风格模板中有许多不同主题的模板供我们挑选、使用。对于熟悉排版的人来说，可以尝试“新建一个图文”进行个性化排版。

“挑选风格模版”的使用流程：选中与推文主题相契合的模板，浏览后觉得满意，点击“另存给自己”，然后到“我的图文中”找到“另存给自己”的模板，点击“编辑”按钮进行排版美化，而“新建一个图文”的使用流程，是直接点击“新建一个图文”即可。

（2）进行图文排版。

打开需要编辑的模板，呈现编辑主页面，如图 6-15 所示。公众号排版常用要素包括“主题”“卡片”“图片”“布局”“组件”等。在排版的过程中，我们要恰当运用“图文收藏”功能，提高排版效率。秀米平台排版的核心思路：单击所要编辑的要素，在左侧下方即会出现对应的模板，选择合适的模板，单击，在编辑生成界面即可进行编辑。

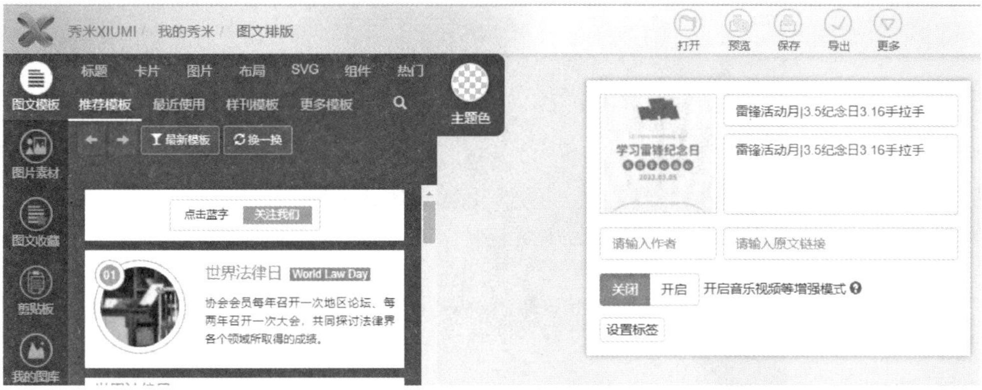

图 6–15 进行图文排版

（3）设置排版参数。

第一，文字排版建议。

字号：正文建议使用 14 ～ 16 号字；标题建议使用 16 ～ 22 号字；强调部分加粗或者变颜色（选择其一即可）。

字间距：1 ～ 2 像素。

行间距：行间距建议设置为 1.5 ～ 2.0 倍。

页边距：设置为 10 ～ 15 像素。

对齐方式：如果没有特殊的排版样式，建议正文部分使用两端对齐或居中对齐的方式。文本内容不多，考虑居中对齐；不同语义之间空一行，同一句意不断行；文稿中若有一问一答形式，可适当用对话功能排版。

第二，图片格式建议。

图片基本格式设置参考详见图 6-16。要求：所有图片的宽度要统一，这样不会有的大，有的小；可以适当增加一些阴影，这样图片会比较有立体感，看起来更舒服，阅读体验感会更强；图片下面可以用灰字备注图片内容，这样表达会更加清晰。

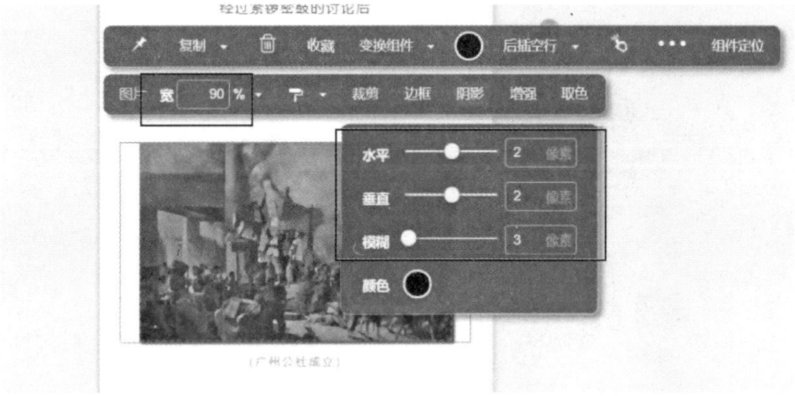

图 6–16 图片基本格式设置

第三，正文小标题设置建议。

如果推文的正文中加小标题，小标题里面还要进一步细分，建议用“轴线卡片”功能。具体操作如图 6-17 所示。

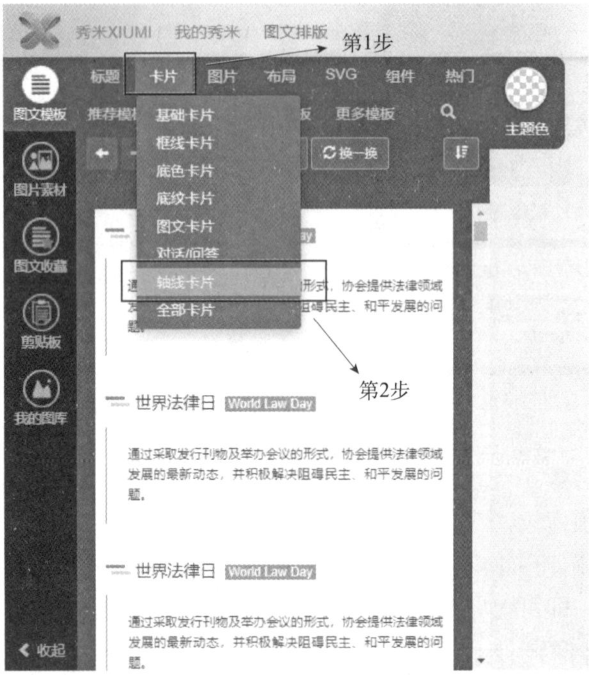

图 6–17　正文小标题设置

（4）排版疑难问题的解决。

第一，视频添加。

在微信公众号自带的编辑器中添加视频。具体做法如下：首先，将秀米平台推文同步到微信公众号平台。预览保存秀米平台排版好的微信推文。在“导出”项目中选择“同步到公众号”（如图 6-18 所示），所编辑的微信推文即同步到微信公众平台的草稿箱。运用“导出”项目中的“继续使用复制粘贴”功能，也可以将秀米平台编辑的文章复制到微信公众平台。

图 6–18　视频添加

其次，微信公众号中添加视频。打开微信公众号的“草稿箱”，找到所要编辑的文章，点击“编辑”标志，如图 6-19 所示。

图 6-19　点击“编辑”

在打开的文章顶部，点击“视频”按钮（如图 6-20 所示），即可添加视频。

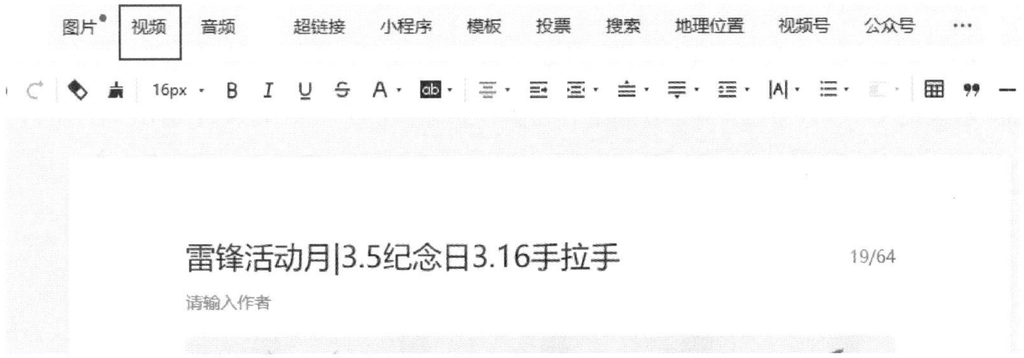

图 6-20　点击“视频”

添加视频的方式有两种。一种是素材库添加；另一种是视频链接添加。通过“本地上传”的方式，添加视频到微信素材库中，从而实现微信推文添加视频的目标。通过“视频链接”的方式，添加视频。微信公众号视频链接支持微信公众号文章链接、视频详情页链接和腾讯视频链接。通过视频链接，可以将微信视频号的视频、腾讯视频等添加到微信推文视频中。

第二，表格添加与编辑。

在秀米平台中，添加与编辑表格。首先打开需要添加表格的推文，找到添加表格的位置，并左键单击，然后进行添加和编辑表格。第 1 步：将鼠标移动到编辑界面左上角“布局”；第 2 步：选择布局下拉列表中的“表格”，从中选定与推文主题、推文色调一致的表格模板，左键单击选中模板；第 3 步：左键单击微信推文正文表格，出现第 3 步“表格单元”界面；第 4 步：左键单击表格单元右侧的格子小标志，出现第 4 步截图信息。我们可以根据表格内容的多少，对行数、列数等信息进行调整。具体步骤见图 6-21。

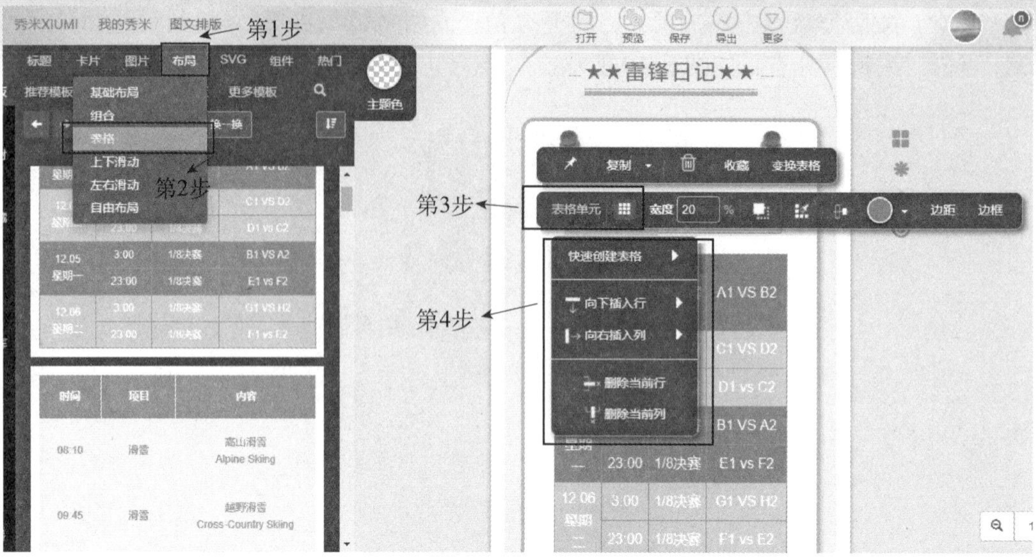

图 6–21　表格添加与编辑

第三，送审方式的选择。

编辑好微信推文后，需要请领导审核。送领导审核的方式有三种：第一种是“另存图文给其他用户”；第二种是“生成长图 /PDF”，这两种方式如图 6–22 所示。

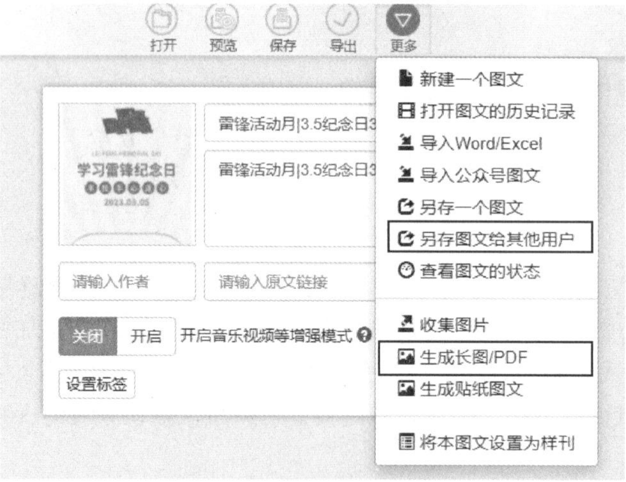

图 6–22　送领导审核的方式

其中，运用“另存图文给其他用户”功能，可以实现其他用户对文章的自行编辑与修改，适用于有秀米平台邮箱的用户；运用“生成长图 /PDF”功能，可以实现文稿的规范打印，适用于没有秀米平台邮箱、喜欢审阅纸质版文稿的领导。

第三种是生成长链接。点击所编辑文稿上方的“预览”按钮，出现如图 6–23 所示的界面。第 1 步，点击预览；第 2 步，点击分享。等待审核通过后，扫描“分享”下方的二维码。首先发送给自己，再一次浏览检查整篇推文；接着将浏览后的推文，转发给指定的审核人员。

图 6-23　点击“预览”按钮

第四，图文收藏的用法。

收藏图文，可以提高排版效率。在排版过程中，我们发现的一个常用要素，可以通过“图文收藏”项目实现收藏功能。具体用法如下：

第 1 步：选中常用要素；第 2 步：点击“收藏”按钮；第 3 步：选中的要素出现在“图文收藏”中。在后续编辑中，若需要收藏过的要素，可用鼠标左键单击需添加的位置，然后在“图文收藏”中点击收藏过的图文，就可顺利实现收藏图文的添加功能。如图 6-24 所示。

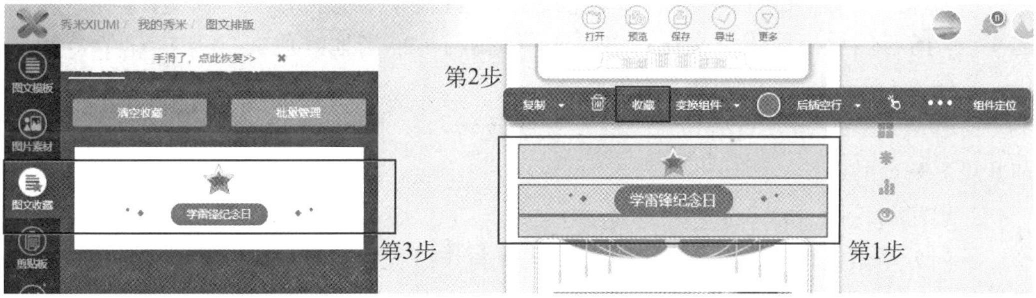

图 6-24　收藏图文

第五，排版耐心细致。

微信推文排版需要精益求精。建议大家在电脑端排版，用手机端预览。采取边排版边预览的方式，及时发现文字、空行等方面的错误，做进一步修改。一般情况下，一篇规范文稿的排版，需要作者预览 30 ～ 40 遍，甚至 100 多遍。

课堂讨论

秀米平台增加了 H5 制作功能。请同学们自行探索秀米平台的 H5 制作流程。

请扫码观看微课“微信运营：读者阅读场景分析”，了解微信推文的推送时间。

微信运营：读者阅读场景分析

课后练习

1. 精准界定受众，从实用性角度，用简约思维，写一篇微信推文排版技巧的推文，并进行排版。

2. 秀米平台排版功能很多，请大家挖掘秀米平台排版功能，自学并分享使用方法。

3. 微信公众号自带的排版功能很多，请大家挖掘微信公众号自带的排版功能，自学并分享使用方法。

综合训练

1. 写作实训题。

请选择任一主题，在学院官微或者专业官微推出系列文化传承类微信推文。主题 1：宣传专业知识；主题 2：宣传校园文化；主题 3：弘扬与传承当地传统文化；主题 4：弘扬与传承当地红色文化；主题 5：文化传承类其他主题。

正文表达技巧：故事讲述

写作之前，可扫码观看微课“正文表达技巧：故事讲述”，以期呈现更好的作品。

2. 思考讨论题。

班内分享微信推文写作的收获，讨论解决写作过程中的难点，以促进整体写作水平的提升。

项目七

撰写与编辑在线H5文案

项目综述

企业重大活动、招聘广告等宣传多采用在线 H5 微场景设计方式展示。这是一种集文字、图片、音乐、视频、链接等多种形式于一体的在线展示形式，这种展示形式具备强大的交互作用和数据分析功能。采用在线 H5 微场景设计进行企业活动宣传或者招聘广告宣传，一方面能够增强信息传递的动态感和立体感，另一方面能够有效汇总后台数据，提高工作效率。

学习目标

知识目标

1. 掌握在线 H5 的概念、特点和文案特征。
2. 了解在线 H5 的制作技巧与制作方法。

能力目标

1. 能够制作出符合易企秀平台调性、满足受众诉求、达到宣传目标、互动性强的邀请函。
2. 能够制作出符合兔展平台调性、满足受众诉求、达到宣传目标、互动性强的招聘启事。

素养目标

1. 增强审美能力。
2. 养成严谨写作的态度。

任务一　认知在线 H5 功能

情境导入

明确了新媒体编辑要具备的基本素质、新媒体文案写作思维与写作技巧后，王诚从事新媒体文案工作的信心越来越足。这时，他发现企业重大活动、招聘广告等宣传多采用在线 H5 微场景设计方式展示。

王诚仅学习过计算机基础课程，要制作出视觉效果很炫的在线 H5 微场景还需要一段时间，他的目标是先学会在线 H5 微场景基础应用。王诚通过调查发现，用 H5 做招聘宣传和活动推广的企业还是比较多的。王诚认为，如果能掌握常用的H5平台的所有功能，学会在线H5微场景应用设计思路，自己在工作中就会更加得心应手。他决定先从整体上把握在线H5微场景设计的作用和功能。

课前思考

你有没有见过在线H5微场景设计平台发布的文案？如果有，请分享给大家，思考这些文案与平面的新媒体文案有什么区别。

一、在线H5微场景设计平台经典案例分析

在线H5微场景设计经典案例很多。比如，网易的《后厂村路的日常》、网易新闻出品的《转出你的爱情密语》、腾讯和故宫合作的《穿越故宫来看你》、天猫无忧购的《首个手机话剧团开张了》、纪念建军90周年的《快看呐！这是我的军装照》、腾讯公益的《“小朋友”画廊，用艺术点亮生命》、有道翻译官的《你好，那些年》《网易邮件20周年放大招了》……

正式学习在线H5微场景设计平台文案之前，我们先欣赏一个典型案例，形象感知在线H5微场景设计平台文案的呈现形式、设计理念等。

我们通过《我们离满分还差一个你（新通国际）》文案截图（见图7-1），赏析常规H5招聘启事的制作思路、呈现形式和写作特点。

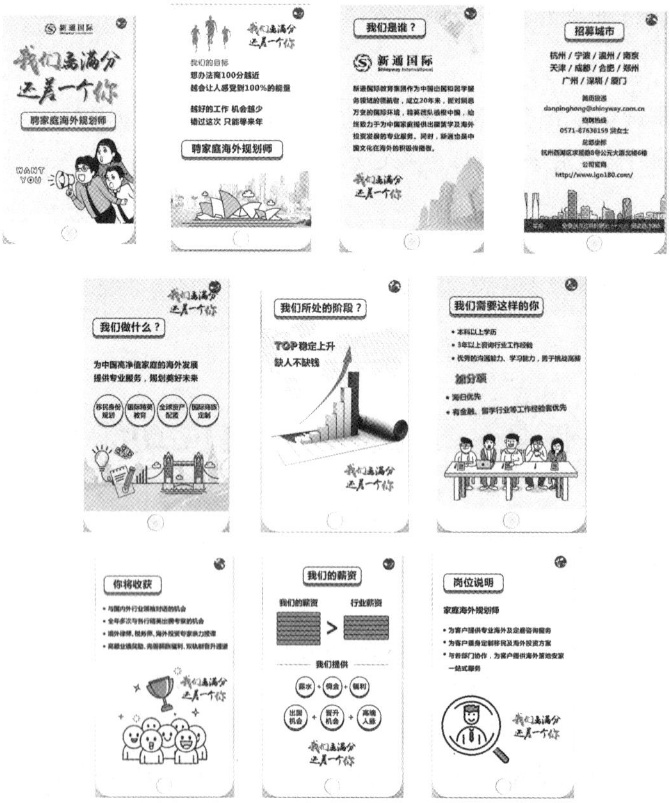

图7-1 《我们离满分还差一个你（新通国际）》文案截图

这是新通国际的一则招聘启事。该招聘启事除截图呈现形式外，还加入动画要素、音乐要素，呈现立体效果。标题没有直接用“招聘启事”，而是采取新媒体文案的标题写作方式，用具体、接地气的语言来描述。正文部分从受众角度，分别介绍了“我们的目标”“我们是谁”“招聘城市”“我们做什么”“我们所处的阶段”“我们需要这样的你”“你将收获”“我们的薪资”“岗位说明”等。每个小标题都用“一屏”来清晰展示，语言简洁明确。这是企业在线 H5 微场景设计招聘启事常用的做法，使用易企秀、兔展平台的基础功能都可以完成制作。

图 7-2 所示为《这是一封来自乌镇的神秘邀请！看谁在等你？》文案截图。

图 7-2 《这是一封来自乌镇的神秘邀请！看谁在等你？》文案截图

（1）在策划上，该文案符合邀请函要素，用画卷形式将峰会详细内容娓娓道来。点击系列发布会日程后，整个界面更像是精美的日历。并且，发布会的日期粗体加黑，点击即可查看每日活动详情。

（2）在设计上，突出江南风情。水墨画的风格，点缀着点点的红色，凸显乌镇的古朴秀丽与江南水乡的雅致。

（3）在体验上，突出创新的交互式。交互上主要采用滑屏和点击，但里面又蕴含着小惊喜，比如首页跳转到下一页采用的不是常规的滑动后翻页，而是滑动后里面的元素淡出，小鱼游走，进入下一页；第二页到第三页采用的方式是点击按钮后，第二页的元素放大淡出，第三页的元素滑入。

课堂讨论

1. 请在网上搜索腾讯公司 2017 年创新大赛制作的《穿越未来来看你》和网易考拉海购制作的《入职第一天，网易爸爸教我学做人》，赏析这两个作品与常规的 H5 作品的区别在哪里。

2. 欣赏了上述在线 H5 微场景设计案例后，相信你已经能够说出在线 H5 微场景的设计特点以及呈现形式。现在请大家回顾，你经常看到的在线 H5 微场景设计主要是完成什么工作的？在设计方面运用了哪些呈现方式有效实现与受众的交互？请举例说明。

二、在线 H5 微场景设计平台概念

在线 H5 微场景设计平台是集文字、图片、音乐、视频、链接等多种形式于一体的在线展示页面，具有丰富的控件、灵活的动画特效、强大的交互应用和数据分析功能，尤其适合移动互联网展示与分享。

在线 H5 微场景设计制作平台有易企秀、凡科微传单、兔展、初页等。

三、在线 H5 微场景设计平台功能

斐波那契（专业的 H5 传播大数据分析平台）通过内容的筛选识别，将在线 H5 微场景设计作品进行标记，通过对关键词分析可以看出，最高热度标签为：品牌宣传、产品展示、知识、新闻热点、活动宣传、招聘宣传、情感、邀请函。分析结果如图 7–3 所示。

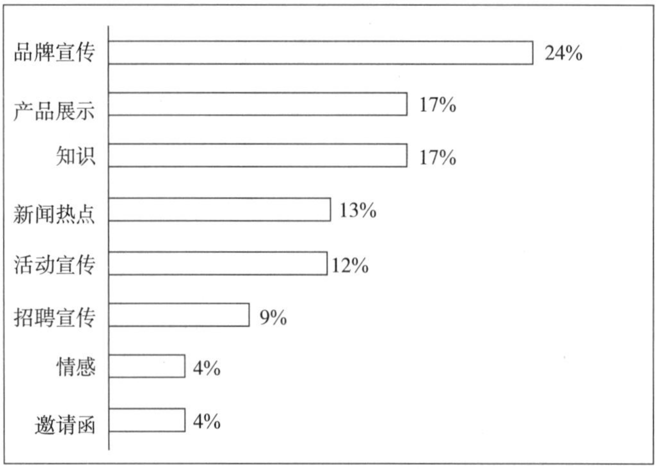

图 7–3　H5 微物景设计作品分类占比图

根据斐波那契提供的数据，品牌宣传类及产品展示类的作品分别占 24% 和 17%，如果再把活动宣传、招聘宣传、邀请函的比重加进去，共占所有文案的 66%。由此可见，H5 已经成为各类品牌进行移动终端推广不可或缺的手段，这是因为 H5 本身所具有的图文展示、互动交互的特性，十分适合产品展示宣传，相对于单纯的图文信息而言，可以表达更多产品特征，是移动终端在进行产品宣传、活动推广、人才招聘与活动邀请时较好的表达方式。

四、在线 H5 微场景设计平台文案特征

在新媒体平台刚刚兴起之时，H5 页面以其视觉、听觉、触觉等多种感官相结合的丰富体验，一时成为一种“视觉奇观”，引发受众竞相追捧和转发。经过几年的发展，人们对于 H5 页面的态度也从满足好奇心的猎奇需求转变为对内容和版式的审美需求以及一定的营销推广需求。这促使 H5 页面向着更加成熟和多元的方向发展，其页面特征也逐渐显

现出来。

（一）呈现形式多样化

H5 页面的一大亮点是丰富了信息的呈现形式，即从原来简单的图片、文字二合一到文字、图片、视频、动画等多种形式组合展示，丰富多彩地呈现信息内容。这种转变不但扩大了 H5 页面信息容量，而且多种感觉器官相结合，提高了信息传播效率和传播效果。一个成功的 H5 页面往往融合了精练的文字、高品质的策划与设计、与调性相契合的音频以及其他技术手段。例如，曾经刷爆朋友圈的《围住神经猫》等，内容创新，形式有趣，互动体验丰富，赢得了较多关注和宣传。

（二）交互性强

简单来说，交互性是指在网络传播中，受众通过多种输入和输出方式，与系统或者其他受众在一定程度上进行直接互动交流。从传播的基本模式来看，是这样的过程：传播者发出信息，并通过受众的反馈来确认传播的效果；受众不但接收信息，而且会根据自己的理解做出相应的反馈。

按照交互时间的不同，交互类型可分为同步交互和异步交互两种。同步交互是一种实时性的交互，即受众在接收信息的同时进行反馈，传播者可以即时获得反馈。例如网站可以通过网络用户的点击频次发现人们对网站发布信息的关注差异，从而更好地调整信息排列，也可以请一些社会知名人士与网友进行在线聊天，受邀嘉宾可以向网友陈述自己的观点，随时回答网友提出的相关问题，从而使这种传播更为有效。异步交互是指受众在接收到信息一段时间后再进行反馈。诸如 BBS、电子邮件、网上民意调查等大都属于异步交互。

在线 H5 微场景设计具有强大的同步交互功能。一方面，用户可以选择自己感兴趣的主题进行点击查看；另一方面，用户可以通过评论功能与承办方或者其他受众就一个话题进行讨论。用户可以直接在 H5 上填写承办方需要的信息，实时生成传播数据，方便承办方查阅。

（三）上手较快，操作简单

H5 常用平台操作思路基本一致，包括文字编辑、图片编辑、视频编辑、超链接的加入以及作品发布与预览效果等，基本都是一键生成。

（四）模板众多

每个 H5 常用平台都有免费与付费的招聘、邀请、活动宣传等模板，用户自己的模板也可以上传到 H5 平台供其他用户参考，这些模板处于不断更新中。

五、在线 H5 微场景设计常用平台比较

企业在邀请函制作、人才招聘、企业品牌宣传、活动推广中，常用到的新媒体 H5 平台主要有易企秀、兔展、MAKA。这三个平台都能高效地完成上述工作，同时它们之间也有一定的区别。

（一）免费情况

兔展、易企秀和 MAKA 这三个 H5 制作工具的免费部分都能实现企业邀请函制作、

人才招聘、品牌宣传、活动推广等基础性功能。具体的免费幅度有所不同，如表 7-1 所示。

表 7-1　兔展、易企秀、MAKA 的免费情况

项目	兔展	易企秀	MAKA
基础编辑功能	免费	免费	免费
高级编辑功能	免费	付费	付费
模板素材	部分免费	部分免费	部分免费
图片素材	免费	免费	免费
形状素材	免费	免费	免费
音乐素材	免费	免费	免费
数据汇总	免费	部分付费	部分付费
修改加载 Logo、尾页版权	付费	付费	付费
流量统计	免费	部分免费	部分付费
审核提醒	免费	付费	无
场景保障服务	免费	付费	无
驳回加急审核	免费	付费	无

（二）互动功能

兔展、易企秀和 MAKA 这三个 H5 制作工具都有常规的电话链接、地图搜索、在线报名、留言等功能，除此之外各有所长，具体如下：

（1）易企秀互动功能较强，除了常规的链接、电话、计数、地图功能外，它还加入音效和微信 beta，允许用户在浏览 H5 时可以看到自己的头像、替换 H5 中的图片，甚至可以发送语音，给用户别样的互动体验。

（2）兔展除了常规互动功能外，较为突出的是 App 直链功能，实现 H5 和 App 的一键跳转。

（3）MAKA 除了常规互动外，添加了点赞、喜欢、蜡烛、送花四种不同形式，制作了用户接力小游戏，还开发了新的抽奖功能。

（三）是否有移动终端 App

兔展没有移动终端 App，而易企秀和 MAKA 都有移动终端 App，相比来说，后两者使用起来更加方便。

（四）制作效果

易企秀模板数量比 MAKA 和兔展都多，尤其是免费的模板较多，但是，其模板的精美程度和创新程度却不如兔展和 MAKA，MAKA 的模板更为精美一些。

（五）数据分析

（1）兔展接入斐波那契数据服务，可以查看作品近 30 天的传播情况，有数据概况、

访问浏览、分享传播、传播层级、地域分布和访客迁徙这些数据的分析，形成传播总体评价、传播热度 P 值曲线图等。

（2）易企秀提供常规访问概况、移动访问和内容统计。

（3）MAKA 提供常规数据总概、传播数据和访客分析。

课后练习

1. 请选择兔展、易企秀和 MAKA 三个平台中的任意一个平台，浏览其基本功能，尝试制作新媒体文案。

2. 请浏览兔展、易企秀和 MAKA 三个平台的功能，选择自己喜欢的平台，并说明原因。

任务二　撰写与编辑在线 H5 邀请函（易企秀平台）

情境导入

王诚在易企秀平台注册了一个账号，决定先试一试。刚好要拍毕业照，他打算在易企秀平台上制作一份邀请函，发给自己的亲戚朋友。用 H5 平台做毕业邀请函，标题、正文以及文章后面的互动，应该怎么做才有用和有趣呢？毕业邀请函在 H5 平台的呈现形式是什么样的？这些都是王诚需要认真思考的问题。

课前思考

请找一则自己喜欢的易企秀平台邀请函，从内容制作和内容呈现两个方面分析喜欢的原因。

在新产品发布、行业展会、庆典等重要活动来临之际，承办方给与会人员发邀请函是不可或缺的商务礼仪。设计精美的邀请函能增强与会人员对活动的期待。

如今，邀请函已经不只是包括传统的四要素，即时间、地点、邀请人和主题，更重要的是它还具有传播、展示功能，即使受众无法亲临现场，也能接收到重要的品牌信息，是活动名片和品牌的缩影。好的邀请函会被广泛转发，获得点赞并口口相传，自然也就赚足了前期的话题度，达到预热效果。

一、在线 H5 微场景邀请函案例赏析

请赏析《“断舍离”收纳艺术展邀请函》截图（见图 7-4），分析其制作思路和作品呈现形式。

图 7–4 《“断舍离”收纳艺术展邀请函》截图

（1）这是 H5 邀请函中的创新案例。开场很有意思，一个个字从屏幕上方落下，乱作一团，受众需要摇一摇才能将这些字整理成文。

（2）画面干净，几条简单的线条搭配文字，十分契合宣传主题——“断舍离”。

（3）无论是设计上还是交互上，这个案例都十分简洁，很有质感。所以，有时候 H5 并不一定非要令人眼花缭乱才好。

二、在线 H5 微场景邀请函制作要点

（一）制作形式：图文并茂，要具备宣传功能

在线 H5 邀请函背景选择要符合邀请主题，一般都带有与主题相关的背景音乐和背景图片。除此之外，邀请函中的时间、地点、主题的呈现方式要多样化。时间可以用文字、日历形式等呈现，地点可以用文字和地图导航形式呈现，主题呈现有文字形式、图文结合形式以及图文与视频结合形式等。根据邀请需要，可以设置评论、留言、特效功能以及一键拨打电话功能等有效实现互动；根据宣传需要，可以在 H5 邀请函中插入短视频、产品链接等，进行相关宣传。

（二）内容展示：创意、丰富和高互动性

1. 标题制作有创意

在线 H5 邀请函标题制作要符合新媒体文案标题制作要求，突出有用性和有趣性，吸引受邀方点击查看。一般不建议直接用“邀请函”作为标题，而应该采用更加灵活、有吸引力的标题。比如，“给文秘人送福利啦！全国文秘骨干教师培训班即将开始！”

2. 正文内容丰富，并有相关图片展示

在线 H5 邀请函的正文，除了写明时间、地点和主题外，一般还会用亮点关键词、图片和视频对本次活动做介绍、对往期活动做总结、对承办方资质做宣传等。

3. 重视互动效果

在线 H5 邀请函具备留言评论功能、点赞功能、投票功能、一键拨打电话功能、在线报名功能、超链接功能、特效功能等，有效实现与受众的实时互动。

课堂讨论

请根据下列材料，在易企秀平台制作一则邀请函。思考标题怎么写、正文要素有哪些、互动形式有哪些，并画出思维导图。

温馨提示：参加培训，支出的培训费、住宿费需要开发票，可以在发邀请函的同时，运用易企秀强大的数据采集功能，提前收集发票开具的相关信息。

材料：

全国文秘骨干教师培训

一、培训及报名时间

（一）培训时间

全国文秘骨干教师培训班于 2023 年 12 月 8 日—14 日（8 日全天报到）在广东科学技术职业学院举行。该培训由人文社科学院文秘专业承办。

（二）报名时间

邀请函发出日至 2023 年 11 月 30 日。

二、培训学校及专业简介

广东科学技术职业学院，国家示范性骨干高职院校，在校学生 2 万多人，下

设11个二级学院。该学校是国家骨干校，设有教育部重点专业2个，省级示范专业5个，省级重点专业6个，广东省一类品牌专业1个，二类品牌专业7个。国家级精品资源共享课程4门，国家精品课程5门，省级精品课程5门，省级精品资源共享课程14门。

人文社科学院文秘专业为广东省二类品牌专业，拥有国家级精品资源共享课程1门（应用写作）、省财政支持的文秘实训基地，以及校企合作建立的“慧文秘书事务所”“广科－国泰安文秘人才校企协同培训中心”“泰坦档案数字化人才订单班”。深圳华为公司连续四年来校录用优秀毕业生50多名。该专业还拥有杨文丰教授、石耿立教授等数名国内知名学者、作家。目前文秘专业在校生450余名，招生规模一直居全国前列。该专业举办过2007年教育部全国应用写作骨干教师培训班，2013年、2015年两届广东省文秘骨干教师培训班。

三、培训内容及主讲人

1.“互联网+”时代文科类专业发展的思路探索（广东科学技术职业学院朱校长）

2. 3D文秘情景实训软件体验——如何用VR培养好秘书（国泰安技术部郭经理）

3.“互联网+”背景下的文秘实训项目研讨和分享——汇聚全国同行的智慧，教你上好文秘实训课（广东科学技术职业学院文秘专业王主任）

4. 谈天才秘书——好秘书的人生感悟（珠海格力集团资深秘书张女士）

5. 为秘书教师插上双翼——文秘教师团队的建设（广东外语艺术职业学院公共管理学院张院长）

6. 文秘信息化课程的设计与新形态教材——给你不一样的文秘课堂（××出版社陈社长）

7. 秘书事务所十年回顾——分享经验和运营方式（广东科学技术职业学院人文社科学院向院长）

四、培训费用

2 000元/人。（住宿、餐饮统一安排，费用自理）

五、会务组联系方式

向老师：××××

王老师：××××

三、易企秀平台邀请函制作步骤

（一）内容整体构思阶段

在线H5微场景制作邀请函要具有创意。创意是H5邀请函的灵魂，如果少了创意，H5就缺少灵魂。所以，在线H5微场景邀请函除了传达时间、地点、主题和参加人四要素外，还要讲故事、传达理念和品牌文化等。应找到产品调性与用户需求的契合点，制作有趣和有用的邀请函，吸引受邀者参加活动、参与互动，并进行转发和传播。

1. 标题写作

邀请函标题写作与新媒体文案标题写作的思路与技巧一致。具体写法请参考新媒体文案标题写作技巧，此处不再赘述。

2. 正文要素写作

企业活动类邀请函除包括传统邀请函中的时间、地点、主题外，还包括具体议题、主讲嘉宾介绍、活动亮点剖析、往期活动回顾、相关网站超链接、留言问答等要素。

还有一类邀请函，其受邀人没有明确的对象，或者干脆是所有大众。比如腾讯互娱《致另一个“无用”的我》、e 家洁《“断舍离”收纳艺术展邀请函》，这类性质的邀请函除发出活动邀请外，更主要的是传达一种理念，在文案信息呈现形式、文案信息策划等方面，要比企业常规活动邀请函更具有创意。

（二）内容呈现阶段

1. 注册易企秀

打开易企秀主页：http：//www. eqxiu.c om/，在主页右上角找到“注册”按钮，单击“注册”，通过微信扫码进行注册。

2. 选择场景模板

点击工具栏上方“免费模板”，如图 7-5 所示。

图 7-5　点击“免费模板”

在免费模板界面，点击“查看更多”选项，如图 7-6 所示。

图 7-6　点击“查看更多”

进入如图 7-7 所示界面，选择“免费”，可查到免费的 H5 和海报模板。

根据主题风格，选择对应的邀请函模板即可。

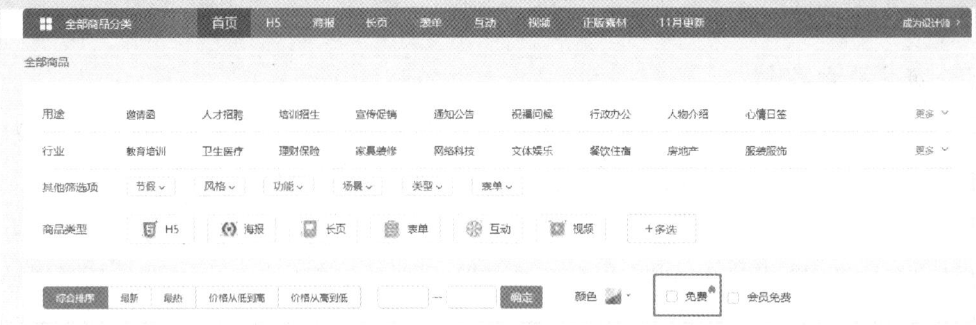

图 7-7　免费界面

3. 编辑邀请函

单击选中的模板，进入如图 7-8 所示界面。选择“免费版”，点击“立即使用”进入编辑界面。

图 7-8　模板界面

邀请函编辑界面上方菜单中有“文本”“图片”“音乐”“组件”“智能组件”“特效”6 个要素，左侧区域有“图文”“单页”“装饰”“艺术字”4 个要素，如图 7-9 所示。

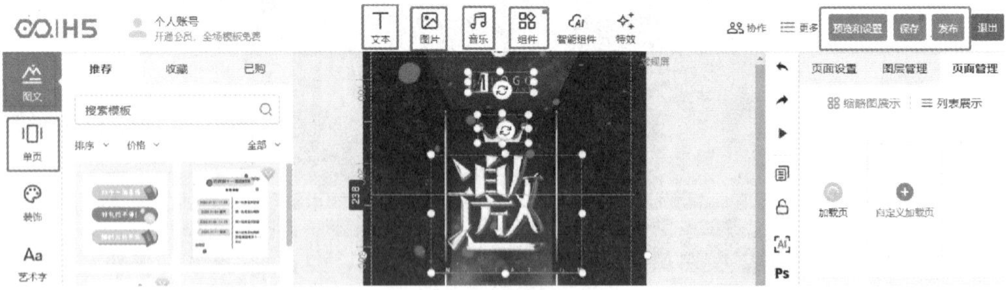

图 7-9　编辑界面

文职人员在基础性编辑工作中，常用要素的具体作用及使用步骤如下。

（1）文本。

文本作用：添加、编辑文字内容。

文本使用操作步骤如下：

编辑文字：双击需要编辑的文字，会在文字上方出现文字编辑对话条。该对话条中各元素功能与 Word 等同，包括字号调整、字体颜色调整、背景颜色、加粗、倾斜、删除线、文本对齐方式、行高、字间距、超链接等多项功能。

在“图文”要素中，有更具创意的文本模板，选中与材料主题和编辑背景一致的文本模板，点击“立即使用”，如图 7-10 所示。

图 7-10　文本模板界面

根据右侧“模板设置”提示，即可实现目标作品的编辑，如图 7-11 所示。

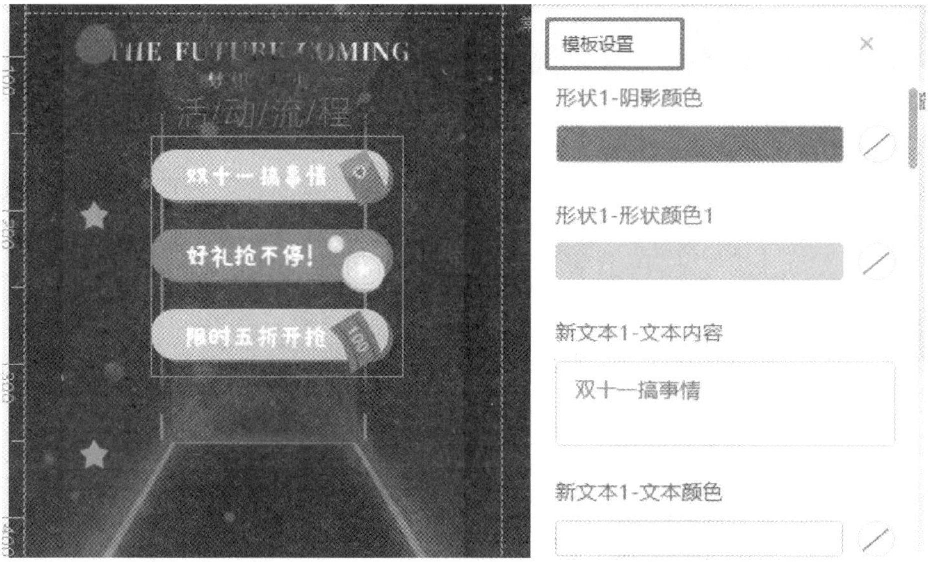

图 7-11　模板设置界面

在“单页”要素中也能搜到有创意的图文模板，其编辑思路与“图文”要素一致，如图 7-12 所示。

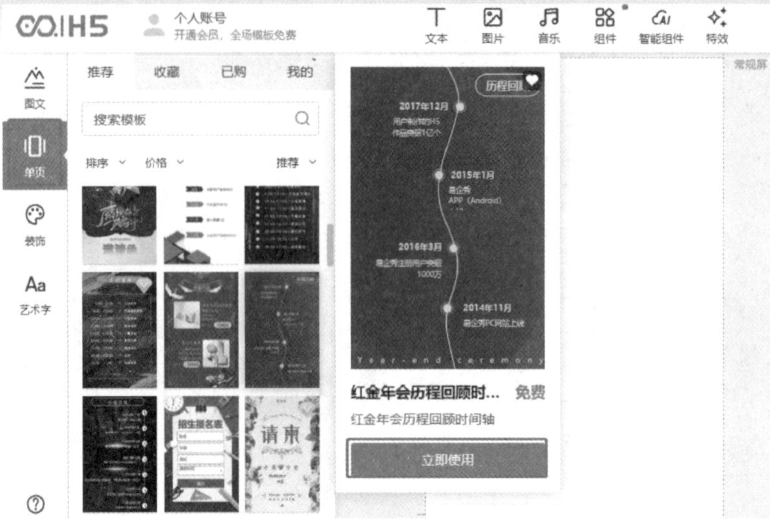

图 7-12 “单页”要素界面

（2）图片。

图片作用：选择系统自带或者电脑中的图片，完成添加图片或者替换模板中图片的工作。

图片使用操作步骤如下：

单击需要添加图片的页面，选择“图片”按钮，即可完成图片的添加和编辑工作。

单击需要更换的图片，在出现的对话框中点击“更换图片”按钮，进入“图片库”。从“正版图片”中选择符合文案要求的图片，点击图片就可以完成更换图片工作。更换图片之后，还可以完成图片的移动、裁切工作。点击“动画”可以设置所插入图片的动画效果。

如果图片库中找不到与文案主题相吻合的图片，可以将需要的图片保存到“我的图片”中进行编辑使用。

（3）音乐。

音乐的下拉菜单中有“更换音乐”“删除音乐”“更换字幕”“删除字幕”4 个功能，如图 7-13 所示。其编辑思路与图片添加一致，此处不再赘述。

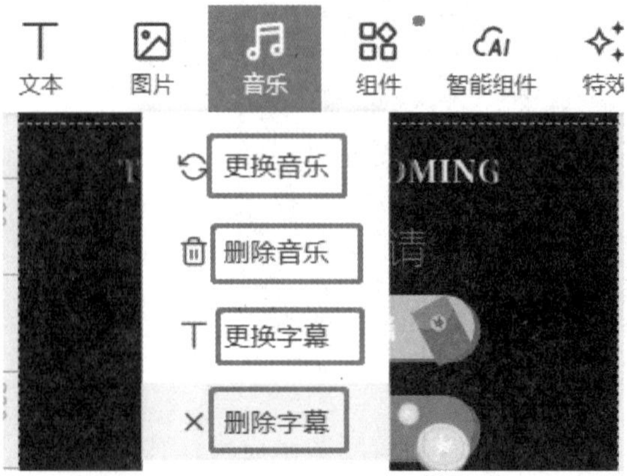

图 7-13 音乐菜单界面

（4）组件。

组件有“视觉”“功能”“表单”“微信”“活动”5 大功能。如图 7-14 所示，方框标识的为 H5 作品常用功能，具体操作思路与图文模板编辑思路一致。

图 7-14　H5 作品常见功能

在“单页”要素中也有表单功能，如图 7-15 所示。具体操作思路与图文模板编辑思路一致。

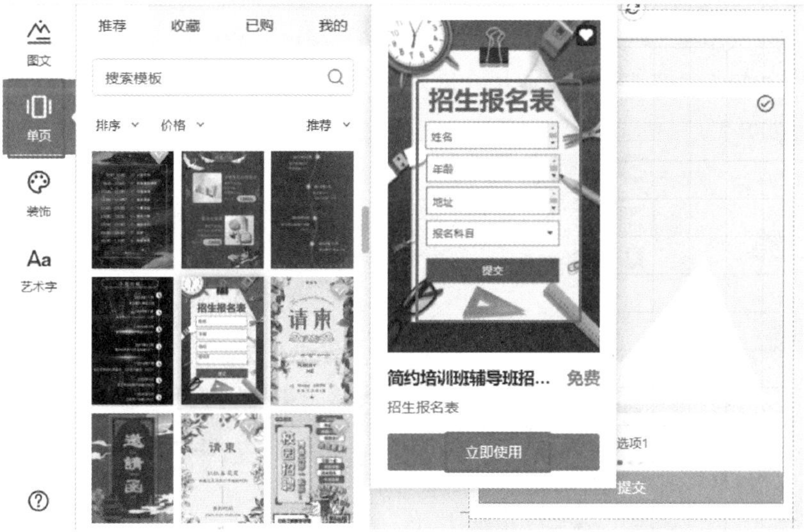

图 7-15　表单功能

作品完成后，单击“预览和设置”，在“基础设置”中添加“标题”和“描述”，进行“更换封面”；单击“保存”，对作品进行保存，如图 7-16 所示。单击“发布”，通过微信扫码或者微博超链接的方式进行分享，也可以选择生成海报或者长页进行分享。

图 7-16　作品完成界面

易企秀作品运行数据，可在“我的数据”中查看，如图 7-17 所示。

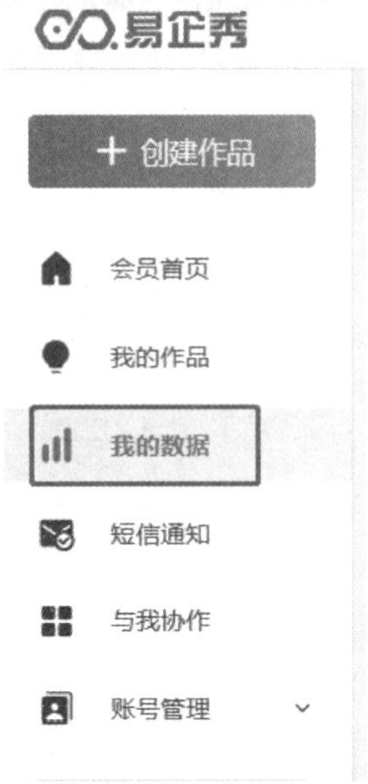

图 7-17 “我的数据”界面

四、易企秀平台海报制作步骤

（一）进入海报界面

打开易企秀平台的“海报”模块，进入在线海报制作界面。如图 7-18 所示。

图 7-18 在线海报制作界面

（二）选择常用项目

办公室文职人员常用的海报类型包括手机海报、长图、易拉宝、X 展架等，如图 7-19 所示。

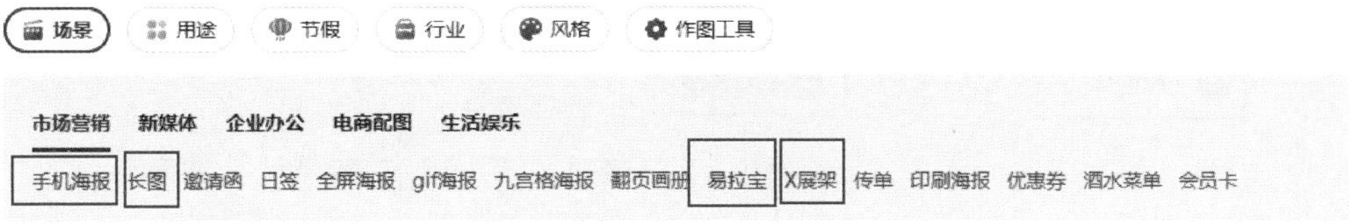

图 7-19　选择常用项目

（三）进行海报制作

以“易拉宝”为例，展示海报制作流程。点击“易拉宝”，选中与主题相对应的模板，并单击，进入如图 7-20 所示编辑界面。在右侧工具栏中有“智能抠图”“二维码美化”“图片美化”“图表”“文字云”“智能海报”等，这些都是工作中常用的编辑工具。

图 7-20　选择模板并进行编辑

1. 海报制作的构成要素

一份完整的海报包括主题、时间、地点、主办方、海报详情二维码以及其他亮点信息等基本构成要素。同时，应加入凸显海报主题的图片，形象呈现海报信息。

2. 智能海报制作工具的使用

（1）进入智能海报制作界面。点击工具栏“智能海报”按钮，进入智能海报制作界面，如图 7-21 所示。

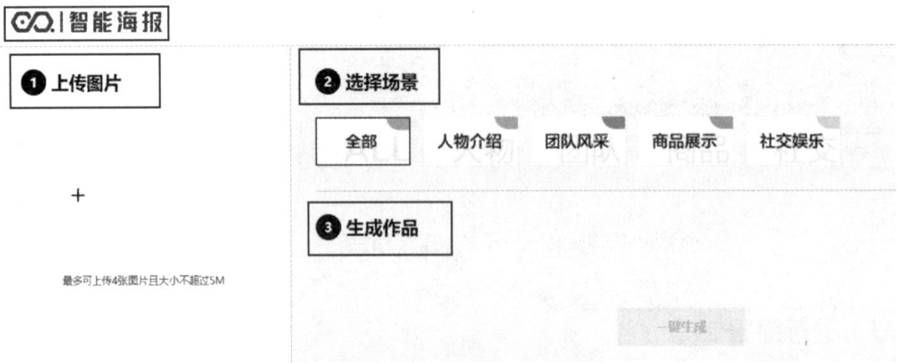

图 7-21　智能海报制作界面

（2）一键生成智能海报。根据智能海报制作提示，上传图片—选择场景—生成作品。选择与海报主题与文章风格一致的作品，做进一步编辑。

3. 海报制作其他工具的使用

（1）智能抠图。点击海报制作右侧工具栏“智能抠图”，出现如图 7-22 所示界面。

图 7-22　智能抠图

通过电脑或者手机上传的方式，上传需要编辑的图片，通过自动抠图或者手动抠图，达到编辑图片的效果。

温馨提示：目前易企秀平台抠图功能的开放对象是会员。

（2）二维码美化。

1）二维码美化类型。

点击海报制作平台右侧工具栏的“二维码美化”按钮，进入如图 7-23 所示界面。可以通过“上传”“链接”“文本”“微信公号”“名片”“作品”“地图”等方式美化二维码，这些都是工作中常用的二维码美化类型。

图 7-23　二维码美化

2）二维码美化流程。

以插入 H5 作品为例，展示二维码美化流程，如图 7-24 所示。

第 1 步：在“二维码美化”栏目中，点击“作品”项目。

第 2 步：选择二维码模板，使之与所嵌入作品的色调、主题相对应。

第 3 步：找到二维码美化界面右侧“H5”栏目，选择需要生成二维码的作品，并点击“生成”。

第 4 步：通过“存入二维码库”或者“保存下载”的方式，保存二维码。

图 7-24　二维码美化流程

易企秀平台中的小工具还有很多，除上述介绍的以外，还有“首图”功能。首图用于推文排版的首页图片，具体呈现方式如图 7-25 所示。通过易企秀平台关键词搜索的方式，可以查找到首图。选中与推文主题色调一致的首图模板，点击进行编辑即可使用。

图 7–25　首图用于推文排版

课后练习

1. 2024 年 12 月 3 日下午 2:30—5:00，学校组织毕业班同学拍毕业照。你是文秘毕业班的学生，想邀请亲戚好友与你一起拍摄毕业照，见证大学美好时光。请以个人名义，通过易企秀平台制作邀请函。

2. 请根据课堂讨论中的《全国文秘骨干教师培训》材料，用易企秀平台制作邀请函。

请扫码学习在线 H5 制作的常用小技巧。

用 PS 将图片背景变透明　　用 PS 设置艺术字　　秀米平台添加表单

任务三　撰写与编辑在线 H5 招聘启事（兔展平台）

情境导入

王诚已经学会了在易企秀平台上制作邀请函，按照新媒体文案写作思路和易企秀平台操作流程，王诚也学会了在易企秀平台上制作企业宣传、活动推广等文案。除易企秀平台外，在线 H5 常用的、更有创意的平台还有兔展平台。在操作、功能等方面，易企秀平台与兔展平台有哪些区别？这是王诚接下来要弄清楚的问题。

课前思考

传统媒体平台有招聘启事，新媒体平台也有招聘启事。新媒体平台的招聘启事内容呈现形式包括图文平面呈现形式和在线 H5 微场景立体呈现形式。请在网上收集 H5 微场景立体招聘启事案例，思考其制作思路和内容呈现形式。

一、在线 H5 微场景招聘启事写作要点

优秀的 H5 招聘启事不仅能招到想要的人才，还能为企业形象和品牌推广做一次成功的营销，一举两得。

（一）站在受众角度，展现招聘岗位亮点

有些公司在招聘过程中体现了浓浓的企业文化，受企业文化的吸引，受众愿意加入招聘团队。请看图 7-26 所示的腾讯校招鹅历（腾讯的 Logo 是企鹅，所以用了鹅历）。鹅历把校园招聘各个环节的信息用老式日历进行呈现，告诉你“记住自己曾经为它奋斗的日子”。

图 7-26　腾讯校招鹅历

这些日历每一页都很用心，比如在校招启动阶段，会有“宜：打扫自己，与友人聚会；满怀希望，分享好消息”，也会有“忌：封闭消极，长途旅行”。同时辅以各种正能量鸡汤语录。

（二）常用超链接形式展示招聘启事基本元素

招聘什么岗位、有哪些具体要求、怎么投递简历、招聘方联系方式等基本要素都需要在H5微场景招聘启事中呈现。这些信息都需要用个性化、接地气的具象语言来描述。H5微场景招聘启事常常运用超链接形式来呈现这些信息。受众根据需求，点击不同岗位主题，会出现不同的招聘要求和简历投递方式。

（三）标题写作符合新媒体文案标题写作思路

在线H5微场景招聘启事标题采用新媒体文案标题思路，主标题中一般不会直接出现“招聘启事”字样，而是站在受众角度用“加入我们”“我们等你来”“等你来做同事”等表述方法。

二、在线H5微场景招聘启事制作步骤——以兔展为例

兔展是深圳兔展智能科技有限公司旗下产品，是免费的H5页面生成平台。用户只需通过PC端、移动端进行简单操作，便可将图文、音乐、动画等多种要素熔为一炉，制成个性化的专属展示，并随时监测推广传播效果。该团队成员较年轻，大多数为“90后”。

课堂讨论

请根据下面这则材料，讨论在线H5微场景招聘启事应如何制作，包括招聘标题拟写、招聘正文要素以及招聘信息的呈现方式等。

猫空门店店员：

【职位要求】

（1）年龄18~24岁，热情、乐观。

（2）大专以上学历，需要正直、有责任感的好品质。

（3）能够长期稳定地工作，有耐心去坚持做好一件事。

（4）爱笑，普通话标准，会说简单的英语口语。

（5）熟练操作Excel表格、Word文档。

（6）热爱生活，认可猫空文化。

【岗位职责】

（1）用心完成工作，为顾客提供温暖、高效的服务。

（2）乐于学习各项技能，协助门店管理者进行门店的日常运营。

（3）维护顾客的满意度，关注工作所需技能。

（4）与小伙伴之间友爱、有效沟通，让周围的人感到开心。

【岗位待遇】

（1）月薪5 000元，五险一金。

（2）门店提供住宿和三餐。

（3）每年1个星期带薪休假。

暑期店员：

【职位要求】

（1）在校大学生（大一、大二学生优先）。

（2）能提供 2~3 个月的工作时间，每天工作 8 小时。

（3）提供住宿，月薪制，每周休息 1 天。

（4）需持有本人有效期内的健康证。

（5）乐于与人沟通交流，愿意与猫空共同成长。

【招聘城市】

大连、阳朔、苏州、杭州、丽江、秦皇岛、烟台、西塘、南浔。

有意者可发送简历至邮箱：×××@163.com。注明应聘城市与职位。

（一）进入兔展首页

在百度输入关键词“兔展”，出现如图 7-27 所示的界面，点击方框标记的链接进入兔展官网（https：//www.rabbitpre.com）。

图 7-27 百度搜索兔展

（二）注册兔展用户

点击兔展首页右上角的“注册”按钮，进入注册界面，如图 7-28 所示。填写手机号码、验证码、密码等基本信息，完成注册工作。

温馨提示：考虑到同学们已经注册过易企秀平台，建议兔展平台的注册账号、注册密码与易企秀平台一致。

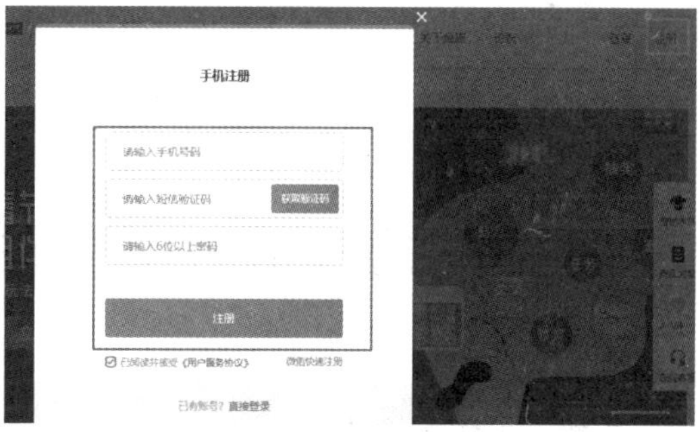

图 7-28 注册界面

（三）选择模板

在兔展首页，点击“免费模板”，如图 7-29 所示。

图 7–29　点击“免费模板”

然后在出现的如图 7-30 所示界面，点击“查看更多”，在如图 7-31 所示“价格”下拉菜单中找到“免费”。根据材料主题，选定模板。

图 7–30　点击“查看更多”

图 7–31　“价格”界面

（四）制作招聘启事

点击选中的模板，在出现的界面中点击“去制作”，即可进行接下来的制作与编辑。在编辑界面，有“文字”“形状”“图片”“音频”“视频”“互动”“预览与设置”“保存”“发布”等功能，具体如图 7-32 所示。

图 7–32　编辑界面

1. 编辑文字

双击需要编辑的文字，当背景色改变的时候就可以对文字进行编辑，包括“字体”“字号”“文字颜色”“行距”“对齐方式”“动画”“触发”的设置，如图 7-33 所示。

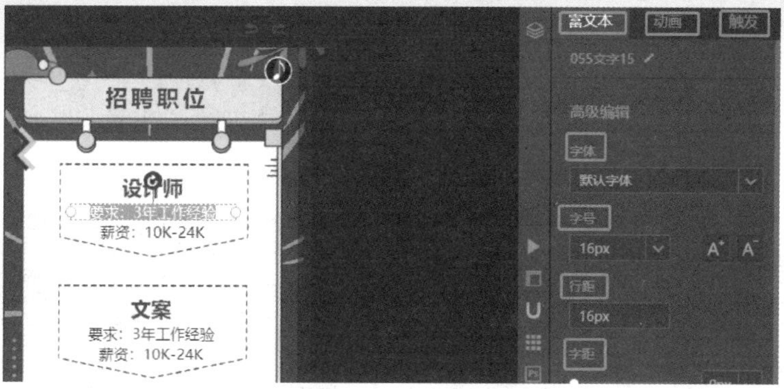

图 7–33 编辑文字界面

也可以点击“文本”按钮，从“文本素材”的“标题”“段落”“引导”中找到相应的文本格式，进行编辑，如图 7–34 所示。

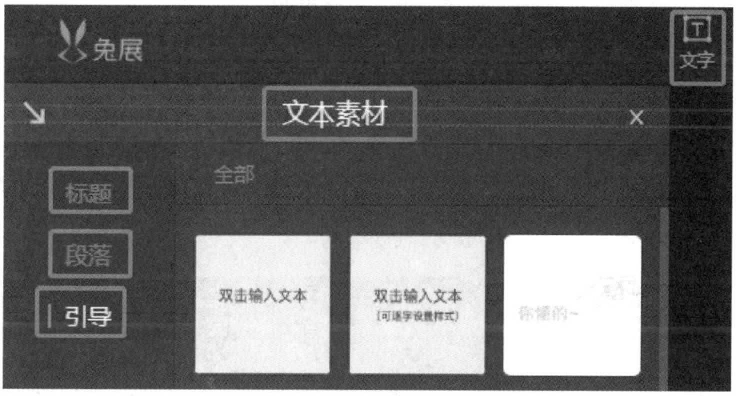

图 7–34 “文本素材”界面

2. 编辑形状

点击“形状”，从素材中找到对应的样式进行“形状”“动画”“触发”三方面的编辑，如图 7–35 所示。

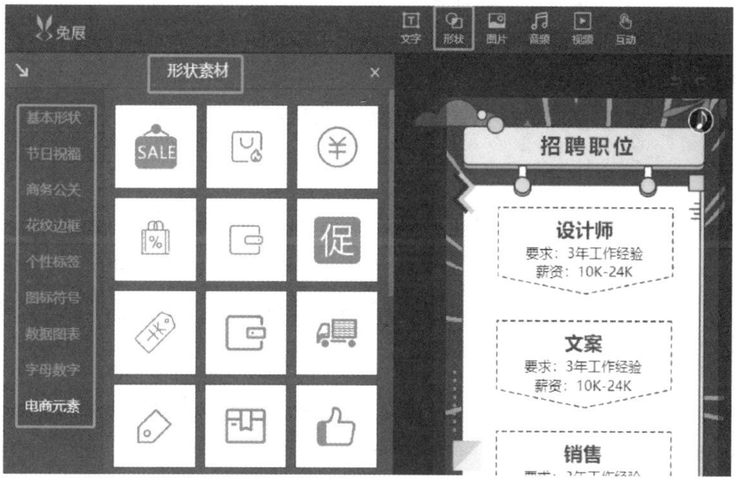

图 7–35 “形状素材”界面

3. 编辑图片

点击“图片”，可通过“图片素材”收集所需图片进行编辑，也可以点击“上传图片”，在“我的图片”或者“企业图库”中，选定图片进行“滤镜”“边框颜色”“边框圆角”“透明度”“旋转”等方面的编辑，如图 7-36 所示。

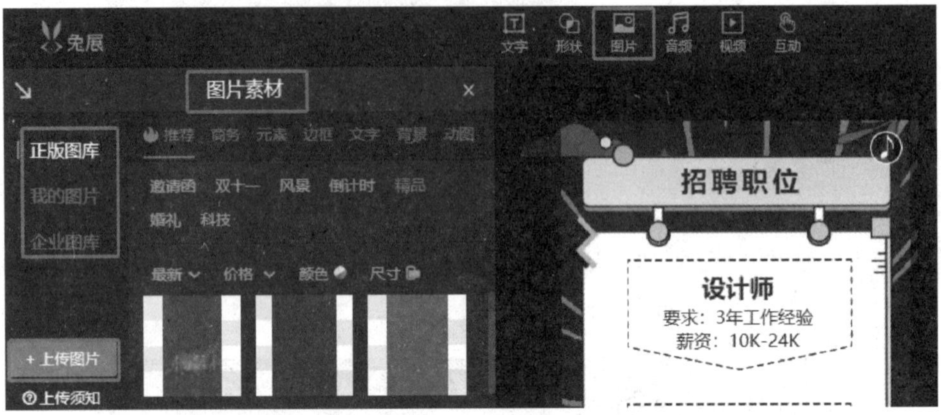

图 7-36 “图片素材”界面

4. 编辑音频

点击“音频”添加“背景音乐”。可以选择平台自带的音乐，也可以通过“上传音频”，添加符合招聘主题的音乐，如图 7-37 所示。

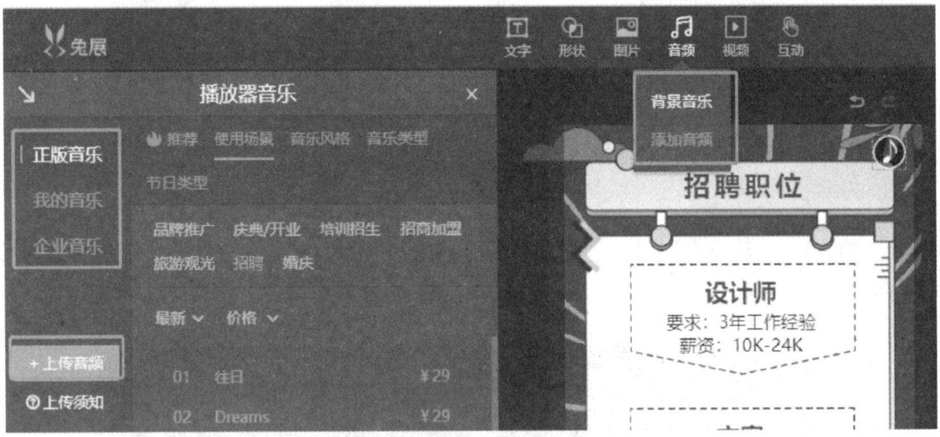

图 7-37 “播放器音乐”界面

5. 编辑视频

点击“视频”，通过“上传视频”的方式，嵌入招聘主题相关视频，也可以通过“在线视频”方式嵌入招聘主题相关视频，如图 7-38 所示。上传“在线视频”需要找到所上传视频的“通用代码”，具体要求可通过平台链接“什么是通用代码”明确。

6. 设置互动

“互动”中的栏目较多，如图 7-39 所示。常用的有“表单”“二维码”“高德地图”“腾讯地图”，“表单”的使用率较高。

兔展平台的“表单”，除了具备单选、多选、填空等常用功能外，还支持上传各类附件，如图 7-40 所示。

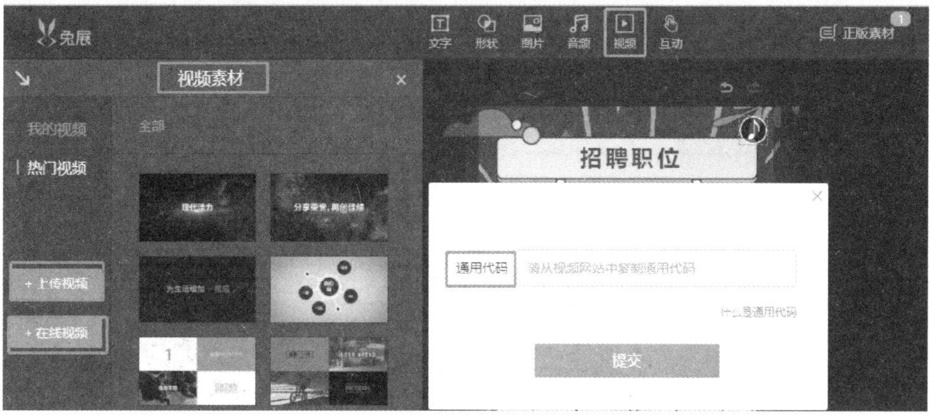

图 7-38 “视频素材”界面

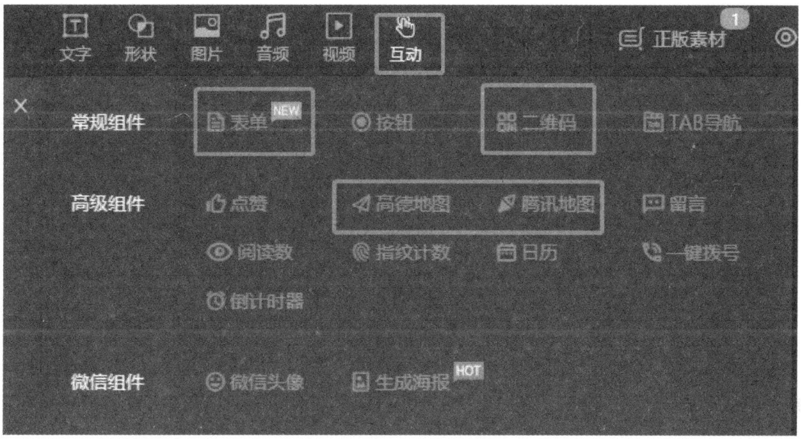

图 7-39 “互动”界面

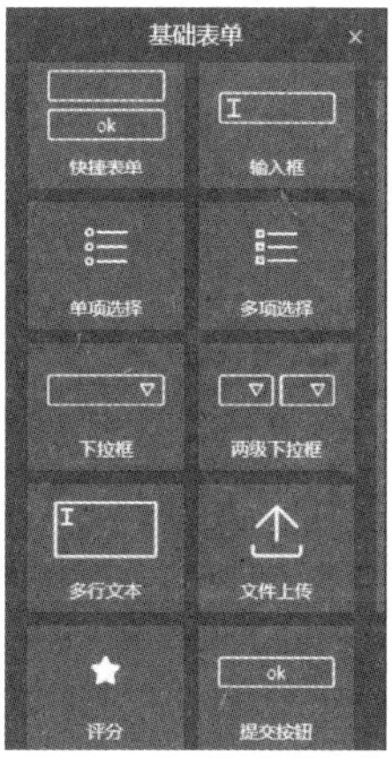

图 7-40 “基础表单”界面

7. 发布

点击“发布”，在对应位置写标题、摘要和替换封面图片。扫描自动生成的二维码，通过 H5 或者小程序预览，查看作品呈现效果、检测表单实用功能。检查完毕，送领导审核通过，即可分享微信、微博、QQ 进行发布和传播了，如图 7-41 所示。

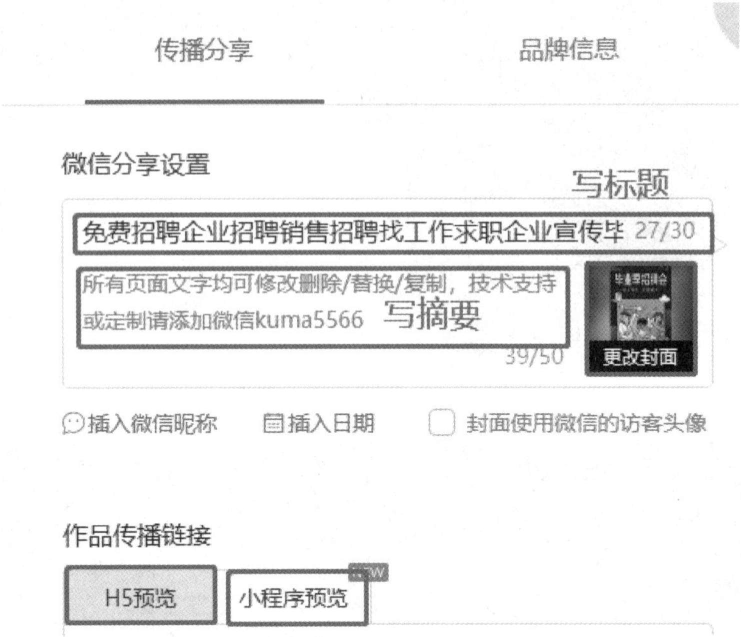

图 7-41 “传播分享”界面

课后练习

请按照课堂讨论中“猫空门店店员”的招聘要求，在兔展平台制作一则招聘启事。

综合训练

1. 制作表单。请任选下列主题，制作表单，完成调研工作，并分享调研结果数据。

（1）大学生的阅读偏好。包括阅读主题、阅读形式、阅读时间、阅读环境、阅读反思等。

（2）大学生的学习诉求。包括学习动机、学习障碍、学习环境等。

（3）优秀传统文化进校园的深度。包括优秀传统文化进课堂的进展、优秀传统文化进社团的进展、优秀传统文化自觉传承现状等。

（4）学习效果反馈。针对某门课程，调研学生的学习效果、学生的学习难题及教学建议。

2. 制作宣传海报。根据下列材料，分别制作 H5 邀请函和宣传海报。

材料 1

2024 年 6 月 10 日是 2022 级现代文秘专业全体同学拍摄毕业照的日子，他们想邀请自己的任课老师一起拍摄毕业照，时间、地点以及其他信息需酌情添加。请同学们站在 2022 级现代文秘专业学生的角度，制作 H5 邀请函，发给对应的任课教师。

材料 2

不高冷的文化课丨想知道是谁？一边创作艺术，一边把生活过成了艺术……

提起明清时期的艺术，你首先会想到什么？是耳熟能详的四大名著、气势磅礴的明清史诗，还是雅致精美的青花瓷？

每一件艺术作品，都是艺术大师捕捉灵感的产物。作为中国封建社会的最后两个朝代，明清时期是世界大变局的分支点，由于东西方文化交流逐渐频繁，东西方文化在冲突中不断交融。也正是这个时候，中国的文化艺术在不断积累、东西方文化的激荡中逐步走向多元，涌现一批至今仍如雷贯耳的艺术名人，比如吴承恩、罗贯中、施耐庵、曹雪芹、唐寅、王铎、徐渭等。

你或许会发现，他们中有的人倔强，有的人聪颖，有的人憨厚，有的人孤傲；有的人才华横溢却潦倒一生，有的人出身贵胄却命运跌宕……但他们的故事，见证着历史的变迁，也体现了艺术的精神。

这个周日下午，金湾区图书馆“不高冷的文化课”系列“美与生活”板块将邀请大家熟悉的宋××教授，带领我们一同穿越时空，走近明清时期的众多杰出艺术名人，聆听他们的人生故事，了解他们的沧桑心事。

明清时期，从绘画书法到音乐戏剧，从雕刻建筑到舞蹈服饰的诸多艺术领域均名家辈出，誉享当世，流芳后世。明代中期，苏州地区文人画蔚然兴起。它迎合社会追求风雅的风气，走向雅俗共赏之路，形成声势浩大的吴门画派。吴门画派创始于沈周，形成于文徵明，再加上唐寅和仇英，并称为“吴门四家”或“明四家”。他们以标士气、精笔墨、尚易趣为旨，致力于宁静典雅、蕴藉风流的风格，以诗书画三位一体书写自得其乐的精神生活。清代中期，南方商业城市扬州，富商聚集，人文荟萃，经济、文化迅速发展，成为东南沿海地区的大都会，因而在此崛起了中国传统绘画中的一支新秀——扬州八怪。他们追求自然真实的艺术风格。作品纵横驰骋，不拘绳墨，并开创了“画到情神飘没处，更无真相有真魂”的艺术新风貌。

在明清时期，无论从唐伯虎到文徵明，还是从徐渭到八大山人，每位都是颇具特色和个性的艺术家，他们的作品均表现出自己独特的个性，也蕴藏着时代的种子。你想了解更多关于他们的有趣生平、感知他们的艺术风格吗？想知道他们鲜为人知的个性吗？这个周日下午，宋××教授将带领大家穿越回明清时期，与我们一起走近多位艺术名人，聊一聊他们的真实生活，触摸他们的艺术风骨，理解这个时期的艺术样态。

主题：走近明清时期的艺术名人

嘉宾：宋××

教授 | 硕士导师 | 文艺学博士

主要研究方向为审美文化、文艺美学。主持国家社科基金青年项目《“日常生活理论”视阈下的中国当代审美文化现象研究》。

时间：4 月 2 日 15:00—17:00

地点：金湾区图书馆一楼学术报告厅

对象：全体读者（限 150 人，1 个名额对应 1 个座位。家长、儿童均需报名。）

报名方式：××××××××××

大浪淘沙沙去尽，沙尽之时见真金。明清时期涌现的一批批对中国艺术史产生重要影响的名人，他们的艺术风范依然为人们所称赞，作品仍被人们所喜爱。这个周日下午，让我们共赴金图，悉心聆听这场精彩的明清艺术名家故事会吧。

项目八

撰写企业官方微博

项目综述

新媒体编辑要熟悉微信、微博等国内平台的运营和推广模式。近年来，企业纷纷通过“两微一抖”进行信息发布与产品营销活动。“两微一抖”分别是微信、微博和抖音。其中，微博的特长是发布信息，大部分的焦点以及热点都源于微博。

学习目标

知识目标

1. 掌握企业官方微博的概念与特点。
2. 理解企业官方微博的写作策略。

能力目标

能够写出符合宣传目标、满足受众诉求的企业官方微博。

素养目标

强化创新意识。

任务一　认知企业官方微博功能

情境导入

企业官方微博在客户关系管理、活动宣传等方面起着越来越重要的作用。王诚已经深刻体会到微博在树立企业形象和重大活动宣传中发挥的强大作用。微博写作比较灵活，怎么才能在有限时间、有限字数内写出与企业宣传目标一致的微博呢？这是王诚接下来要解决的重点问题。

课前思考

你关注了哪些企业官方微博？它们发布博文的主题分别是什么，有哪些博文是你印象深刻的，为什么？

一、企业官方微博的概念

根据所发布文章的字数，微博分为一般微博和头条文章。一般微博字数限制在140字以内；头条文章不受字数限制，更符合自然语言的表达，而且支持排版、插入图片等高级编辑功能。

企业官方微博又称企业官微，是一个基于客户关系的信息分享、传播以及获取平台。企业可以通过WEB、WAP以及各种客户端组建个人社区，即时更新企业信息，实现商业信息分享与传播。本项目主要解决企业一般微博（140字以内）的写作问题。

二、企业官方微博的作用

（一）充当官方发言人

企业官方微博是企业对外宣传和发布消息的一个窗口。企业官方微博发布的信息代表着企业形象，是企业品牌形象宣传和活动推广的低成本媒体。

（二）管理客户关系

企业可以通过官方微博，及时了解自己的客户，如他们在想些什么、他们有什么意见，然后根据这些信息来调整企业的宣传策略，同时为后续的售后工作提供支持。另外，通过官方微博，找到新客户并与之互动，可以轻松消除预算不足或地域不同带来的障碍，极大地丰富了客户数据库。

（三）开展营销活动

利用企业微博，无须刻意就能制造与公司有关的热点话题，有效传递信息。同时企业微博有可能进入搜索结果首页，为企业网站带来更多流量。

（四）充当客服

企业微博可以起到客服的作用，当客户有问题时，他们可以很方便地通过微博来反映情况。企业也可以通过微博快速回应，解决客户的问题，节省电话或者网站在线客服成本，大大提高客户对企业的满意度。

课堂讨论

你目前关注了哪些微博账号？在这些之中，能否分享一个你特别喜爱的微博，并阐述你喜欢它的具体原因。

三、微信与微博平台的区别

（一）强弱关系不同

用户关系是由美国社会学家格兰诺维特（Granovetter）提出的一个社会学领域的名词，包括强关系和弱关系。

强关系：最有可能产生于家庭成员、同事、同学等之间，他们在生活和工作中有较多的互动机会，人与人之间关系紧密，有较强的情感维系着。血缘、地缘（老乡）都是强关系的典型代表。

弱关系：见过一面或是被无意间提到的一个人，相互之间联系较少，可能只是聊过几句或是打过几次招呼，并没有较强的情感维系在一起，并且互动的机会也很少。

互联网所表现的"强关系""弱关系"是社会学传统意义上强弱关系理论的一种衍生。在互联网社交类产品中，典型的"强关系"社区有微信朋友圈、Facebook（脸书）、人人网等；而"弱关系"社区典型的莫过于豆瓣，在这一类社交产品中，人与人之间的纽带相对复杂，他们可能是通过一部好看的电影或是一篇不错的文章而产生了互动和交流，而且这种交流的维系较脆弱，很有可能只是聊上两句就各自消失在茫茫人海之中。

微博关系主要是弱关系。微博粉丝主要建立在兴趣的基础上，关系质量较弱，注重的是传播的速度和内容的公开。

微信关系主要是强关系。微信好友主要建立在社会关系的基础上，关系质量较强，多为双向关系，注重的是私人内容的交流和互动，信息的传播速度不快，但受众信息反馈率较高。

比如，同样的内容，微信平台上的反馈远远高于微博平台。原因在于微信建立在以家人、同学、朋友等为基础的强关系领域内；微博更多的是面向陌生人的弱关系领域，大多数人接收了这些信息后并不愿意花时间去反馈。

（二）公开性与私密性不同

微博的传播对象是不确定的陌生众人，传播内容多以公共性话题为主，信息具有公开性，侧重于大众传播。微博信息来源丰富，包括大众、政府、企业、各大媒体机构等，充斥着各种不同的声音，实现民间、官方、社会大众之间的互动交流，体现较强的公共利益指向。因此，微博的意见领袖作用十分明显，并且具有较强的话语权。尤其是面对突发公共事件时，微博的时效性与传播效应使其成为"第一时间"里的"第一定义者"。

微信的传播对象主要是熟人，侧重于人际传播和群体传播，具有很强的私密性和用户黏性。微信传播停留在传受双方的移动终端上，如果不做转发和点评，其他人很难知道。但是，由于微信传播建立在强用户关系上，互动性传播效果更强。

面对谣言时，微博能够实现瞬间传播，但是持续性不强，因为网民中不乏"智者"，他们会通过评论、转发等各种形式快速终结谣言。而微信中，"朋友的朋友也是朋友"，这种熟人间的"以讹传讹"病毒式传播力量，易促使谣言在微信社群中顺畅传播。

（三）精准度不同

在一定意义上，微博是在开放空间的一种扩散传播，微信是熟人圈子内的一种私密交流。举例来说，微博更像一个餐厅大堂，人们关注什么、讨论什么，都互相看得到；微信更像是餐厅的"包间"，只有朋友圈内的人才知道发布的信息。

微博博主发一条信息，粉丝们可以通过看自己的首页随机看到相关内容，但是现在一般人关注的太多，并不能保证每一条信息都会被粉丝所获取，精准度较低。而微信则不同，微信将一条群发消息通过公众平台推送，所有关注的人都会收到这条消息，即使是经过较长时间，那条信息也能被用户所获知。

（四）内容不同

微博的开放性较高，内容相对来说很杂乱，每位用户都可以通过搜索查看到自己喜欢的内容，进行评论、转发、互动；微信公众号开放性较低，一般来说，每个公众号都在专注做某一方面垂直领域的原创内容。

（五）营销方式不同

从信息角度来看，品牌曝光和一些全国范围的大型活动发布，微博的作用大于微信。微博是传播效率较高的媒体平台。一些需要广泛传播的营销活动，采用微博平台会比微信平台更好。

从关系角度来看，品牌维护以及一些区域性的活动更适合微信传播，因为微信用户关系的黏性高于微博。

所以，微信更多强调的是与用户的互动深度，微博更多强调的是更长的传播链条、更多的转发和更广的粉丝覆盖。

（六）文案创作不同

微博的核心是所创造的文字，无论有无转载，理论上所有人都可以看到，因为它是开放的，阅读不会受到限制。微信内容更注重的是个人阅读以及朋友圈转发，也就是说这些内容即使被转发，也不会被所有人看到，而仅仅是被一个小圈子的好友看到。因此，以新闻、事件、热点为导向的快速信息流产品比较符合微博，而微信更适合一些实用性内容文章的传播，特别是对某些特定群体有帮助的内容，会受到微信用户的欢迎。

在微博上，一个人可以随手转发一个淘宝新品的帖子，他这样做没有什么心理压力。而在微信朋友圈里，他要转发这个帖子时，首先会表明“我不是推销和代购啊，我是真觉得这个东西好”，防止被误会。

课后练习

请根据案例链接，分析微博的作用。

@健康中国 医师节精心策划，定制温暖告白

【案例描述】

2021年8月19日是第四个中国医师节。@健康中国联合微博等发起#第四个中国医师节#话题活动，手绘“医师节限定款口罩”，参与#医师节定制告白#接力。优质作品被选中制作同款口罩并送往抗疫一线，向广大卫生健康工作者送上温暖与敬意。

【传播数据】

新浪舆情通统计显示，@健康中国相关微博的传播指数达到51.7，其中，@新华网转发微博并成为关键传播用户，与此同时，@北京市社区卫生服务管理中心、@健康吉安、@健康阜阳、@健康都江堰、@三水卫健 等一批政务微博对话题高度关注，纷纷参与转发传播。从该话题传播的高频热词中可以看出，网友们对卫生健康工作者的赞誉与敬佩，如“天使”“祝福”“白衣天使”“逆行者”“救死扶伤”等关键词被高频提及，医护人员救死扶伤的人道主义精神和为人民健康作出的贡献被人们深刻铭记。

【案例点评】

医护群体是一个特殊的职业群体，面对的是鲜活的生命，维护的是人类的健康。尤其疫情之下，他们的奉献精神、攻坚精神与创新精神，为社会公众筑起了一道坚不可摧的健康长城。@健康中国立足行业，发起手绘“医师节限定款口罩”活动，通过喜闻乐见的方式，拉近了网民与卫生健康从业者沟通、交流的距离。

任务二　撰写企业官方微博思路

情境导入

企业官方微博包括一般微博和头条文章两大部分。头条文章写作思路与新媒体文案写作思路一致。对于一般微博而言，写作的时候还要注意字数的限制。如何设计写作思路，在 140 字以内有效呈现，吸引受众的注意力和阅读兴趣，是王诚学习企业官方微博文案写作的重点。

课前思考

请看下面这则材料，分析微博写作特点和作用。

4 月 17 日，有网友在微博爆料，北京一小区内，一位××快递小哥不小心与某私家车发生剐蹭，该车主随后对快递小哥进行了长时间的辱骂，并不断动手打人。在 1 分 42 秒的视频中，这位车主对快递小哥打脸 7 次，且连续辱骂十余次。快递小哥没有还手，一直在躲闪，而且说“对不起”。事件被曝光之后，××快递官方在第一时间作出回应，回应微博如图 8-1 所示。

24 小时内通过官方微博传播，打人者被警方拘留处罚，正义得到伸张。

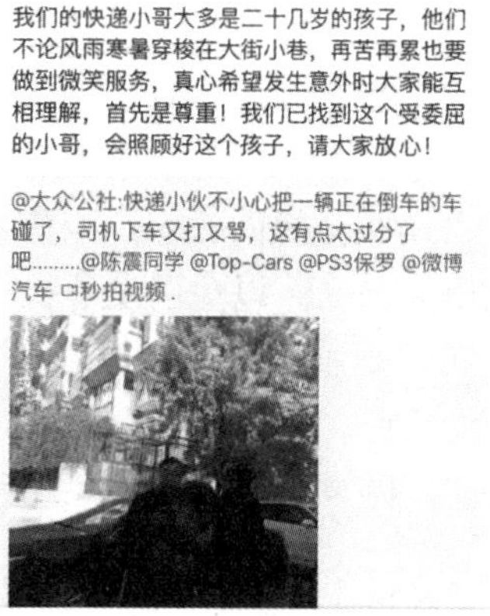

图 8-1　××快递回应微博

一、时事新闻类微博写作思路

用归纳概括的方法，呈现最鲜明、最引人注意的内容，将事实、主题、焦点、状态、形象、数字等亮眼信息前置，吸引读者持续阅读。然后，补充相关背景信息。示例如图 8-2 所示。

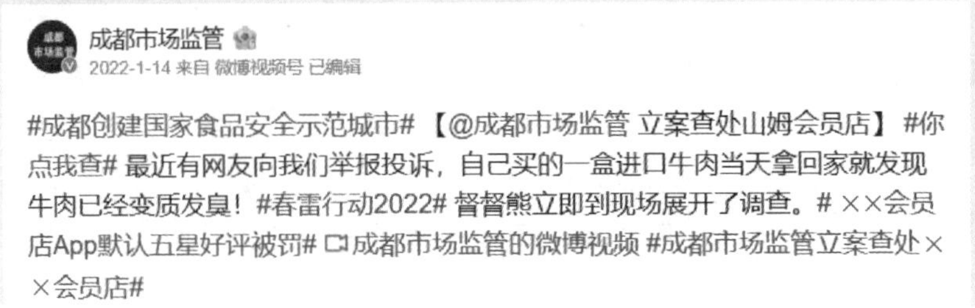

图 8-2　时事新闻类微博写作示例

如果要发布的信息比较复杂，可以选择长微博方式发布，或者以短微博中加入音视频链接的方式完成。

二、产品营销类微博写作思路

这类微博以告启事实为主，包括发起微活动、微话题等，一般都请求受众的支持和参与。好的营销类博文转发量、评论量以及受众的参与度很高。

比如京东官微之一“京东百货”“转发微博赢德国进口 Britu 宝得适 / 百代适汽车儿童安全座椅”的活动，获得了 971 605 的转发量和 292 627 的评论量，关注度非常惊人。这类博文写作重点要突出企业举办活动的意义。

要写好这类微博，结构的处理方式如下：

（1）主题前置。前后用 # 号加以强调，最短时间内让用户先看到宣传公司理念或活动理念的主题。

（2）突出参与方式和奖励方式。“转发”“赢取”等字样用方括号等相关方式强调，让用户明确主要做法；用户具体做法和赢取的具体奖品要写清楚。

（3）结尾发起号召。结尾可以加上鼓动性的话，如“……（奖品）准备就绪”“……（奖品）等你来拿”，下面还可配长微博或海报，以进一步强化内容或者补充细节。

营销类微博的写作，应该考虑粉丝参与的可行性、可操作性，措辞要严谨，不能产生误解和歧义，以免引发争执。

我们要强调的是，获取用户参与和转发的关键是用户思维。即取得用户在情感和价值方面的认可。所以，物质奖励只是激发用户转发的一种形式，但不是最长久和最根本的激励方式。图 8-3 所示的微博，用精神激励的方式，与用户进行互动，也取得很好的效果。

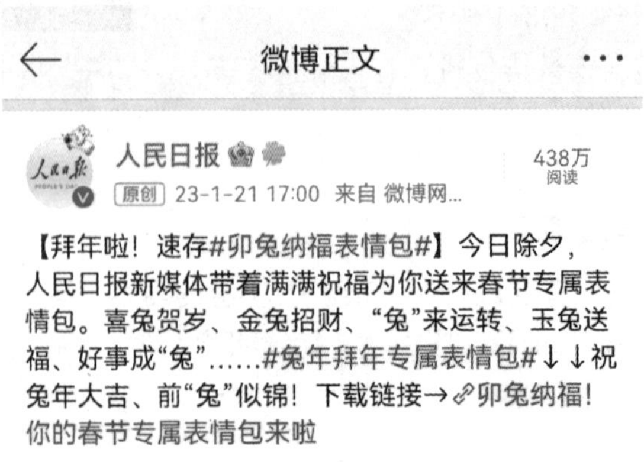

图 8-3　精神激励方式

三、日常维护类微博写作思路

这类微博重点是为用户提供社交平台，比如借助节日，宣传节日文化。这类话题没有奖励，主要是为了满足粉丝的社交欲望，维系客户关系。图 8-4 所示微博，用话题“网友的这些话暖了整个年”，与网友进行互动，营造过年气氛。

图 8-4　借助节日宣传节日文化

四、危机管理类微博写作思路

写作危机管理类微博时态度一定要真诚，要站在受众角度提出解决方案，通过用户的真诚反馈化解危机。

（1）开头写明缘由。

（2）如果是自己方的错误就要真诚道歉，提出解决方案，最后再一次道歉。时刻关注用户的反馈，使用户满意，并再一次道歉。

（3）如果是别人恶意中伤，要么在微博中用事实回应造谣中伤；要么严正表明态度，运用法律手段解决问题。

如果是大众知晓的危机事件，直接说明处理过程和处理结果即可。示例如图 8-5 所示。

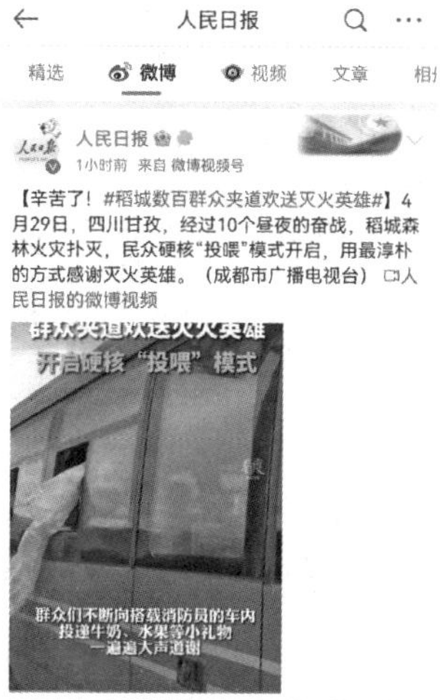

图 8-5　危机管理类微博写作示例

五、客户服务类微博写作思路

客服问题一般都有正规的回复流程和标准的答案。如果只是日常咨询，注意该微博的内涵，根据情况判断后简单回复即可。如果涉及企业的负面新闻，微博小编就要以真诚的态度，提炼出问题的关键答案，提供合理的解决办法，并关注顾客的反馈意见。

课堂讨论

请看这则博文，分析其背后的写作思路。

【案例描述】

2021 年 7 月 6 日，台州市头门港海域发现 12 头瓜头鲸搁浅。@ 台州消防快速响应，发起话题 # 你们救鱼都这么拼何况救人 #，在此期间高频发布救援的图文和视频，该微博话题的阅读量很快超过 1 200 万。此外，“鲸心动魄 16 小时”主题海报的制作发布和 # 瓜瓜问答直播间 # 的创建，让网友更加直观感受到营救的艰辛。

博文如下：

@ 台州消防

你们救鱼都这么拼何况救人 # 目前（北京时间 7 月 7 日），台州海域 12 头搁浅瓜头鲸中，3 头死亡，2 头（已于 6 日晚）放生，7 头正在治疗。其中宏野公司养殖场共计 5 头瓜头鲸，另外 2 头安置在台州海洋世界。

截至 7 日下午 5 时 52 分，从浙江临海瓜头鲸救护现场指挥部召开的新闻发布会上获悉，7 头瓜头鲸中身体情况较好的 6 头将于今晚放归大海，还有 1 头相关部门将继续全力救治。此次救援，全程长达 16 小时，参加救援的消防员基本全部晒伤。如图 8-6 所示。

图 8-6　博文示例

课后练习

1. 请分享你关注的企业官方微博，说明喜欢的原因。

2. 请尝试开通自己的微博号，选定自己擅长的领域，持续发微博，以提升自己的写作能力。

任务三　撰写企业官方微博技巧

情境导入

王诚知道，微博写作，内容为王，恰当的内容能快速增加粉丝数量和粉丝黏度，甚至能为企业带来可观收益。微博主题的选取要结合企业、产品特点和用户习惯等进行策划与编辑，明确如下信息：Who，受众是谁；What，微博写的主题是什么；How，通过什么手法和策略进行信息传达；When，什么时间将信息发布出去。在一般微博中，有哪些技巧可以有效使用，达到预期效果，这是王诚需要进一步探讨的话题。

课前思考

请分析下列微博运用了哪些写作技巧。

案例一

微博正文如下：

【初心不改】打坝、修渠、种树……数十年来，习近平总书记所到之处都留下他与人民同劳动的温暖记忆。时光荏苒，初心不改，躬身力行，永葆劳动人民本色。# 习近平向全国广大劳动群众致以节日的祝贺 #

微博截图如图 8-7 所示。

图 8-7 “初心不改”博文截图

案例二

微博正文如下：

【“让一下！”#幼童烫伤交警咆哮开道吼到吐#】4月29日，四川乐山。一群众焦急找到正在执勤的交警汪林，称车上小孩脖子以下严重烫伤，急需帮助。#四川交警狂吼11次让一下#汪林立即让求助群众驾车跟上警车，护送求助车辆向医院疾驰。途中汪林开启“咆哮式”开道救援，狂吼11次“让一下”，示意周边车辆注意避让，最终孩子得到妥善救治。在返回岗位的过程中，汪林由于连续“嘶吼”以及神经高度紧绷，突然忍不住呕吐。

微博正文截图如图8-8所示。

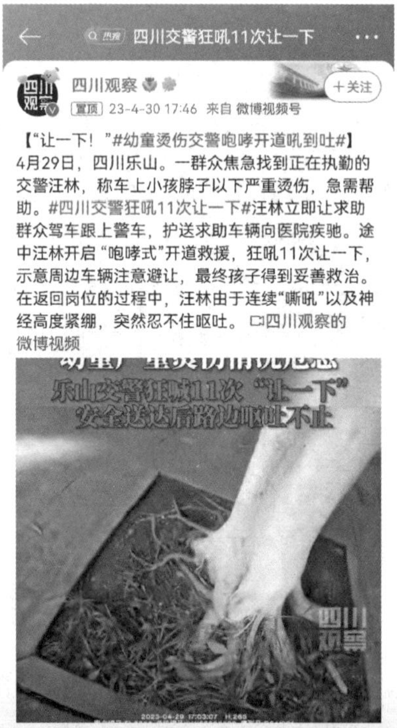

图8-8 “让一下”博文截图

一、企业官方微博写作技巧

对于一般微博，因其受字数限制，在写作技巧方面要重点强调以下几点。

（一）文字精练，角度单一

微博文案人员在写一般微博的时候，文字尽量简短，用关键词、亮点词在短时间内抓住用户，使用户在1秒内了解微博的主题内容。少用生僻词汇、专业词汇，少用长句和被动语态，努力用最高的效率传达最明晰的信息或观点。多用动词、数字，多描述细节、场景，多表达独特、富有启发和令人回味的观点来吸引受众。同时，根据写作主题和写作风格定位的要求，用恰当通俗的语言，选择一个角度，进行信息传达。微博写作示例如图8-9所示。

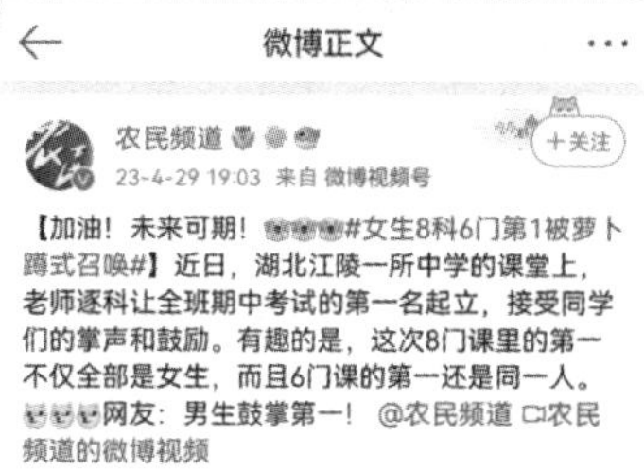

图 8–9 “加油！未来可期”博文截图

（二）结合热点，打造品牌

根据近期用户感兴趣的内容，结合产品特点，进行微博的策划与编辑，能够有效促使用户转发、评论，增加用户黏度。微博写作示例如图 8–10 所示。

图 8–10 “节日在战位”博文截图

（三）善用图片和视频，强化视觉效果

配图、视频是对微博文字内容的进一步阐述。一般情况下，图片、视频更能吸引用户点击查看。微博配图、视频尽量要求原创，这样更具有吸引力，更能留得住用户。如果要用别人的图片、视频、微博运营者要注明来源。

（四）善用自带功能，形成鲜明风格

（1）善用“【 】”“##”等符号设置主题和标签。

（2）时刻互动，保持随时 @ 别人的意识。写作微博的时候，要时刻想到如何与人互动，随时随地保持 @ 别人的意识。可以 @ 的对象通常包括新闻当事人、报道的作者、可能感兴趣的人、直接或间接相关的机构、大 V 用户、意见领袖等。@ 别人，要适度，不可叨扰和频繁，以免给人造成负累感；@ 别人的形式也要多样，比如原帖 @、评论 @、转发 @ 等。

（3）使用链接，注明出处，尊重版权。如果要延伸阅读，可使用链接来推广相关的长篇文章或者报道。需要注明出处，而且要写完整、清楚，以示尊重。比如用 via@ 中国青年报，或者用 by@ 中国青年报。

（五）善用“关注”，不断更新

善用“关注”，对有价值的关注对象进行合理分类，以便高效获取和接收信息。通常来说，值得关注的对象类型包括意见领袖、同行机构、活跃网友等。要主动关注这些行业内比较出名的博主，因为只有相互关注，才能有机会交流，才能得到更多的信息，擦出“思想的火花”。

（六）转发评论，要有点睛

转发博友的时候，不能单纯转发，应该从原帖的链接中找出更新鲜的事实加以补充，或者从原帖的评论中摘一小段令人印象最深刻的评论，加入自己的点评。如果要对转发的原帖进行修改，切忌改变原来的意思。同时，在微博评论中，不能进行人身攻击，更不可暴露个人隐私。

课堂讨论

请你找出最近看过并印象深刻的博文，分析其写作技巧。

二、企业官方一般微博运营注意事项

（一）做好微博定位再写作

无论是官方微博还是个人微博，代表的都是运营者的形象。企业官方微博是企业形象的代言人，个人微博是个人形象的代言人。所以，运营者要根据自身定位进行微博写作和运营，不可无所顾忌地发布与运营主题无关的言论。

（二）尖锐问题鉴定后再回复

官方微博运营者经常会遇到一些尖锐问题，对于此类问题，简单回避并不能解决它们，反而可能会因其不断传播而造成负面影响。

解决办法：个人问题以及其他与官方关系不大的问题，可直接回复“不在本微博关注范围”，不予正面回答。对于谩骂、质疑等，可不直接回应，而是选择适当的时机，以适当的口径陈述观点，做到不卑不亢、有理有据。

（三）切忌出现空话和套话

越来越多的官方微博由公司的新闻发布机构建立，遇到问题的时候，如果把轻车熟路的官话、空话、套话用到微博，这样的微博很难吸引读者的注意；遇到问题的时候，应该及时回复，尽快给出解决办法。应该承认的错误或不足就承认，并公布整改办法，请网友监督。态度越真诚，效果越好。

（四）切忌按照每天八小时工作制运营微博

微博 24 小时运作，网友随时可能会提出各种各样的问题，如果不能及时回复，很可能会被猜疑。而请示领导，领导又不能按所有网友都能清楚理解的语言回答问题，因此，大多数时候会耽误问题的解决。

解决办法：建立快速反应流程及基本答案要点。对于最关键的问题，要第一时间联系具体负责人，然后马上回复。对于次关键的问题，要以微博评论方式回应“收到”且告知按什么流程处理。对于一般问题，则应建立问答库，由微博值班人员及时回复。

课后练习

1. 如果你是学校官方微博运营人员，请发表一则有关学校餐厅就餐的微博。
2. 请在自己的微博账号发表一则有关学校就餐的微博。

综合训练

1. 案例分析题。

请分析下列微博的写作思路与写作技巧。

案例 1

【#女子淄博吃烧烤排不上队被热情投喂#：还拿小马扎让她坐下】4 月 30 日，山东淄博。女子吃烧烤一时排不上队，围观时被热情的游客投喂。2 日，当事人夏女士表示，在八大局烧烤摊，她们一时排不上队，围观流口水时被外地朋友投喂饱了，热情的大哥给她几串后，直接拿小马扎让她坐下，谢谢大哥们给了一次难忘的旅程。@西部决策 http://t.cn/A6NON7Zm

案例 2

【#动物园小鹿狂顶孩子众人帮解围#】#女孩关键时刻推开小鹿保护被撞孩子#近日，江苏南通，动物园小鹿疯狂顶撞孩子，家长将孩子紧紧抱在怀中。关键时刻，黑衣女孩抱住小鹿，并将小鹿推开，众人帮忙解围。网友们纷纷为勇敢的黑衣女孩点赞，也有网友提示大家外出游览时注意和动物保持距离。（大象直播间）

案例 3

【#小伙怕多点菜浪费与邻桌换菜吃#】近日，在山东。小伙在饭店就餐看着邻桌的菜很想吃又怕点了浪费，随后鼓起勇气开口“换菜吃”，没想到邻桌的朋友爽快答应。网友：#get 到了新的就餐模式#。（直播南京）

2. 写作实训题。

请注册微博，连续发博文 1 周共 7 篇，观看后台数据，并进行复盘。

项目九

创作短视频文案

项目综述

短视频一般是指时长不超过 5 分钟，通过网络进行传播的小视频。短视频通过多感官的刺激和体验，可以使受众在短时间内接收大量信息，再加上题材多样、节奏性强，符合碎片化阅读的习惯，从而备受青睐。目前，短视频已经成为企业宣传的一种主要方式。

学习目标

知识目标

1. 掌握短视频的特点。
2. 掌握短视频的制作原则。

能力目标

1. 能够根据定位，策划短视频。
2. 能够写出基础的短视频脚本。

素养目标

1. 强化创新思维和用户意识。
2. 培养持续学习能力。

任务一　认识短视频

情境导入

刚玩转微信公众号、H5 和自媒体平台的王诚，又一次抓住学习短视频的好机会。他想从整体上学习短视频基础知识，再进一步熟练实操。

课前思考

在抖音、快手、微信朋友圈等平台浏览短视频，找到你所喜欢的短视频，思考喜欢的理由。

一、短视频界定

短视频是指一种视频长度以秒计数，主要依托于移动智能终端实现快速拍摄和美化编辑，可在社交媒体平台上实时分享和无缝对接的新型视频形式。短视频主要依托移动互联网平台传播，传播时长在 5 分钟以内，适合休闲状态下观看，具备制作门槛低、主题明确、互动性强等特点。目前短视频平台主要有抖音、快手、火山小视频、西瓜视频、哔哩哔哩、微视、好看、秒拍、全民小视频、美拍、梨视频等。

二、短视频特点

（一）制作门槛低

短视频是新媒体时代的产物，具备新媒体技术带来的优势，即去中心化。只要具备移动终端，人人都能成为视频创作者。创作者和受众是对等的状态，而不再是以往一对多的不平衡关系。

同时，借助强有力的短视频平台以及高速的网络带宽，不具备专业拍摄、剪辑技能的普通人都可以做到随手拍、及时发。以抖音为例，平台为用户准备了大量拍摄模板。光线和色调的调节不再是制作短视频的高难度操作，只需要点击“拍同款”就可以达到理想的视频效果。如果用户想自己制作风格化的视频，也可以借助剪映 App 来进行制作，制作过程比较简单。

（二）主题明确

“3 秒”是一个十分重要的时间刻度。在短视频平台上，用户动动手指就能享受到刷之不尽的短视频“盛宴”，这让他们的耐心变得极度有限。如果一个短视频不能在前 3 秒引发用户的兴趣与好奇，那么等待它的就只有被划走的命运。所以，不少创作者都在“黄金三秒”的内容上下尽功夫。但凡出彩的短视频，都能优化整合紧扣主题的信息，并以故事讲述、流程操作等方式在最短时间内呈现出来，引发受众的情感共鸣。

（三）交互性强

各大短视频应用中，用户可以对视频进行点赞、评论，还可以给视频发布者私信，视频发布者也可以对评论进行回复。这加强了上传者和用户之间的互动，增加了社交黏性。

课堂讨论

请分享个人喜欢的短视频给班级同学，并说明喜欢的原因。

三、短视频分类

（一）根据制作团队区分

1. UGC (User-Generated Content)

UGC 指用户生产内容。用户既是网络内容的浏览者，也是网络信息的生产者。比较知名的平台是哔哩哔哩，以社交满足为主，不追求极致商业化。

2. PGC (Professionally-Generated Content)

PGC 指专业用户生产内容。与用户生产内容相比，所推出的内容更具专业性，也更有深度。

3. OGC (Occupationally-Generated Content)

OGC 指职业生产内容。在新媒体平台，以提供相应内容为职业，是一种谋生或工作的手段。

（二）根据内容方向分类

短视频的主题包罗万象。通过分析，大致可以分为以下四类：一是资讯类，如人民日报、央视新闻、四川观察等；二是科普类，如地球村讲解员、混知、科学旅行号等；三是生活类，如一分钟做美食、优雅瑜伽、方太煲汤等；四是娱乐类，如高矮胖瘦一家人等。

课后练习

1. 简述你对短视频界定的理解，并举例说明其特点。
2. 分析短视频制作门槛低的原因，并谈谈这对创作者和受众关系的影响。
3. 解释“黄金三秒”在短视频中的重要性，并举例说明你见过的成功应用。
4. 对比 UGC、PGC 和 OGC 三种内容生产模式的异同，并给出具体实例。
5. 分析生活类短视频为何受欢迎，并列举几个成功的生活类短视频账号。
6. 结合个人经验，分享你最喜欢的一个短视频，并阐述你喜欢它的原因（可从内容、形式、创意等方面分析）。

任务二　提炼短视频脚本创作策略

情境导入

短视频已经成为打造企业 IP 的重要途径。怎样快速掌握短视频创作思维与创作技巧，用最快捷上手的方式进行编辑，创作出用户黏度高的走心作品，成为王诚进一步思索的问题。

课前思考

请关注“高矮胖瘦一家人”视频号，分析其视频创作思维与创作技巧。

一、短视频内容策划流程

（一）确定定位

定位是决定短视频内容的重要因素。只有明确了自身定位，才能为日后精品节目的打造提供支持和依据。比如“二更”的定位是生活美学类原创短视频，发现身边不知道的美；“一条”的定位是“生活、潮流、文艺”的短视频；“五味什字”以本地原创精品人文类短视频作为自身定位，重在关注西安城市变化和城市生活中的普通人。

（二）确定主题

当短视频有了明确的定位后，下一步需要确定的是围绕这一定位有哪些可供选择的主题。每期视频必须围绕一个明确的主题，以保证素材编排的紧凑性。如果说“一条”“二更”以讲述边缘人物或小众群体的生活，开创了人文风格精品短视频的先河，那么“五味什字”主题则与之相反，做的是接地气、易接受、能够引起群体共鸣的大众生活场景。以 2019 年“五味什字”选题为例，围绕这一选题从与每个人息息相关的“食”入手，所选的主题包括面食、馍、油泼辣子、葫芦头等，这些主题都极具西安本地特色，主题鲜明。

（三）寻找相关素材

素材的选择是节目策划非常关键的一步，不仅要契合主题要求，而且要有广泛的代表性和较强的说服力。通常情况下能够作为素材的信息包括客观现实、历史资料、图片、视频、实地考察、人物专访等，素材获取越丰富，后期拍摄过程就越得心应手。以“五味什字”《寻找西安苏式老建筑》为例，前期对于素材的搜集包括查阅西安苏式老建筑分布情况、保存情况等历史资料，然后整理已有的相关图片、视频信息，为后期拍摄提供启发，最后必不可少的是进行实地考察，对西安现存的苏式建筑尽可能一一走访，最终确定合适的拍摄地点。

（四）转化语言形式

视频与文字最大的不同在于语言形式的转化。如何将抽象的文字语言转化成具体生动的视频语言是短视频创作中最难的地方。这就要求短视频的内容必须故事化，在短短几分钟内，以情节叙事牢牢抓住受众兴趣，将故事的来龙去脉讲述清楚。比如由“五味什字”创作的《陕西一分钟》，从农业到科技、从文化到旅游，将宏大叙事转化为贴近民众的表达方式，以具体数字展现一分钟内陕西的变化，视频转化效果既易于接受又充满新意。

（五）分镜头脚本创作

为了保证故事叙述的完整性，分镜头脚本是不可或缺的。脚本创作是将头脑中构思好的视频语言转化成可供所有创作人员参照的依据，也是短视频创作者进行拍摄、剪辑的依据。比如“五味什字”与《人民日报》合作的《陕西一分钟》，虽然视频时间短，但该类政务性短视频涉及范围大、受众人数多，所以必须进行分镜头脚本创作，以保证节目预期的质量和收视效果。

二、短视频脚本创作的核心思维和策略

（一）短视频脚本创作核心思维

短视频脚本创作的核心思维是用户思维。在脚本写作中，用户思维的本质是持续为用户提供有用、有趣、能激发情感共鸣的信息。如，通过短视频形式呈现的美食制作、视频制作、着装打扮教程，为不同用户提供有用信息，满足他们的需求；“陈翔六点半”爆笑迷你剧，以灵活的场景和固定的时长，家庭幽默录像式的小情节短剧，让观众用最短的时间，通过移动互联网平台解压、放松，体现有趣性；“一禅小和尚”句句经典，激起用户共鸣。

（二）短视频脚本创作策略

1. 精准构建用户画像

通过构建用户画像来锁定目标受众。用户画像即以使用者的年龄、性别、生活习惯、喜好等为依据，分析总结出一个标签化的用户模型。凡是在某一领域成绩突出的视频创作者，都擅长吸引特定目标人群。而没有具体的目标人群或者想覆盖所有人群的视频账号最后往往都会归于沉寂，因为目标群体越大，视频可能就越缺乏特色。另外，有了精准的用户画像，便可以在一定程度上准确地感知目标用户的心声。

2. 巧妙策划满足用户诉求的故事

随着短视频的发展，用户对短视频的要求也水涨船高，且用户的耐性越来越差。因此，为了吸引并留住目标受众，视频中鲜明的镜头语言和美观的构图等都是必不可少的元素。另外，视频开始前几秒至关重要，冗长、不必要的铺垫会极大地消磨用户的耐心。简洁明了、直奔主题的语言颇受欢迎。短视频还要重视故事讲述。要想抓住受众注意力，需以故事性为主。爱听故事是人的共性，选择什么样的故事，如何用两三分钟讲述清楚，是值得策划人员深入思考的关键。

3. 严格遵守网络短视频内容制作要求

伴随着新媒体技术的发展和 5G 时代的到来，受众不再像以往一样被动接受，而是可以主动获取和参与，信息也不再被少数人垄断，而是可以和所有人开放共享。近几年，人们习惯了利用多样、生动的短视频来获取资讯。在每个人都是信息的制作者和传播者的时代，获取话语权变得更加容易，通过上传短视频人们便可以将自己的想法展现在大众面前。但是，制作和发布视频时需要严格审视该视频是否符合社会主流价值观、信息是否属实以及是否会对社会产生负面影响，严格遵守《网络短视频平台管理规范》和《网络短视频内容审核标准细则》，不可通过造谣、恶意中伤和蓄意扭曲事实来博取眼球和流量。

课堂讨论

请你找出最近看的、比较喜欢的一个短视频，分析其脚本的写作策略。

三、短视频脚本写作的黄金定律

（一）黄金三秒定律

“三秒”是一个十分重要的时间刻度。不少创作者都在“黄金三秒”的内容上下功夫，主要有以下几种形式。

1. 高诱惑力的前置信息

我们需要在最短的时间内告诉用户“看完这条视频你能得到什么”，这需要靠信息前置来实现。然而，并不是任何信息都能在前三秒吸引到用户。通常而言，那些具有悬念性的、治愈力的、与用户关联度高的或者有冲突感的信息，更能引起用户观看的兴趣。

2. 打破“第四堵墙”

“第四堵墙”是一个戏剧术语。一般一个舞台的内景只有三面墙。面向观众席、在物理意义上不存在的“墙”，就被称为“第四堵墙”。打破“第四堵墙”是一种艺术手法，能让观众有沉浸式体验，从而提升表达效果。

3. “耳虫”音效

抖音平台上那些高流量的作品，往往离不开各种流行的音乐片段，也就是所谓的网红“神曲”。这些音乐因为出现的频率高，往往能形成“耳虫”效应。当用户刷视频时，听到这些“耳虫”音效，就会形成条件反射，激发出一些特定的情绪，从而产生对视频内容的期待。

（二）“钩子”定律

一个优秀的短视频脚本中，必须要埋着“钩子”。当一则短视频通过“黄金三秒”初步留住了用户后，接下来要考虑的就是如何确保用户不会中途“溜走”。在抖音平台的推荐机制中，完播率是一个非常关键的指标，它很大程度上决定着一个短视频的流量。完播率指的是，用户完整看完视频的次数除以视频的总播放量。比如，用户完整看完 10 次短视频，短视频总播放量是 100 次，那么完播率就是 10%。推荐机制会认为，完播率低的短视频对用户缺乏吸引力，内容质量较差，因此不会给予进一步的推荐。只有完播率高的短视频，才能被给予更多的流量，因此完播率高低就变得非常重要。在短视频脚本中，有意识地埋入“钩子”，可以起到提升短视频完播率的效果。反转、悬念、彩蛋等手法，都可以扮演短视频脚本中的“钩子”。

反转是很多爆款短视频的常用手法，通过人设、剧情的反转，往往能产生意想不到的戏剧效果，满足用户的好奇心和娱乐需求。比如在抖音上常见的“换妆”反转：一个长相平平甚至有点邋遢的女孩，镜头切换之后，就摇身变为一个令人惊艳的美人。前后的反转会让用户体验到视觉的冲击。除了视觉上的反转，剧情上的反转也能让用户收获刺激与快乐。在剧情中埋入反转，就能在用户看完前 3 秒和看完整个视频之间制造一个强有力的“钩子”，让用户不至于看到十秒、十几秒就将视频划走，从而提升视频的完播率，为视频的流量打下基础。

除了“反转”，在开篇展现“悬念”或者在开篇预告视频中有“彩蛋”，也是一种“钩住”用户的小技巧。“悬念”能让用户在好奇心的支撑下，尽可能久地观看视频；而许多短视频在开篇就会告诉用户“视频末尾有彩蛋”，让用户带着发掘彩蛋的预期去看完整个视频。

（三）台词标签定律

短视频文案是被念出来的，也就是说，这些文案会被转化为语音的形式，进入用户的耳朵。因此，对短视频文案来说，“顺耳”就变得非常重要。

在短视频脚本文案的写作中，要尽可能地避免太专业或复杂的词汇出现，尽量用口语化的文案与用户进行沟通。此外，文案要多用短句，降低用户对内容的理解成本。在脚本完成后，创作者不妨将脚本念出来，以便形成最合适的语感。

（四）场景高匹配定律

高匹配度场景是一种与宣传内容相贴切的“场景”设置，即基于不同信息类型，设计与之相匹配的“场景”。在这个“场景”塑造的过程中，故事亮点被显著烘托、用户共情感同样得到明显提升。例如，在创作“某品牌美容仪”的脚本时，创作者可以设置办公室的环境。常待在办公室的人群工作压力普遍较大，他们通常会存在一些肌肤问题。达人这时便可以“自身痛点”为“场景”进行代入，引出产品，分享其使用感受。用户在观看过程中，易被激发共情感，从而产生消费行为。高匹配度场景是短视频信息流广告是否能产生经济效益的关键环节。

课后练习

1. 了解快手、抖音、秒拍、西瓜视频等各种短视频平台发文规则，用表格展示它们的异同点。

2. 寻找手机端和其他移动端短视频平台上最火爆的短视频，分析总结优质短视频文案的写作策略与写作技巧。

任务三　提炼短视频脚本写作技巧

情境导入

短视频脚本写作与普通新媒体文案写作有所不同。在写作短视频脚本时，有哪些技巧可以借鉴，短视频脚本的写作模板是怎样的……这些都是王诚需要进一步学习的课题。

课前思考

请观看一则自己喜欢的短视频，尝试写出该短视频的脚本。

一、短视频脚本写作的叙事技巧

（一）标题写作技巧

短视频标题写作技巧有很多，今天我们列举常用的八个写作技巧。

1. 数字标题

写作公式为：核心内容数字＋带来的益处、效果、改变、结局或者期许等。如：“5 岁以上宝宝适合吃的开胃山楂糖”“抓娃娃小技巧，2 元抓 3 个娃娃”。

2. 人物标题

写作公式为：热点人物＋事件的完整性。如“习近平回信，勉励种粮大户”。

3. 体验式标题

写作公式为：内容＋地名；事物名称＋自我感受等。如“××带您品尝北京城百年老店，烧饼夹肉”“旅行途中体验一家自助餐厅，竟然一个服务员也没有”。

4. 疑问式标题

写作公式为：带有疑问的语气诉说事实＋让用户感兴趣、有需求、想了解、渴望得到的信息。如：“4.3 分。7 月最灿动漫竟然是它？没想到”“年度十大笑梗集锦，你是否都看过？”

5. 恐惧式标题

写作公式为：与用户紧密连接的价值、利益＋失去后的结果、禁止的行为。如“职场中未来会被淘汰的 4 种人，有你吗？”“医生提醒：这 5 种隔夜食物，再贵也不能吃”。

6. 稀缺式标题

写作公式为：稀缺性关键词＋具体稀缺的内容（或表达稀缺性的词语）如，“杭州西溪湿地 7 000 万豪宅里，7 位数的名画是什么样子”。

7. 故事标题

写作公式为：特定场景、背景介绍＋转折、新奇、感动、意想不到的结果。如，“一个都不能少！一只流浪狗跳进洪水勇救狗宝宝的故事感动了无数人！母爱伟大！”

8. 神秘式标题

写作公式为：特定场景布置＋神秘物品的作用。如，“农村小伙，40 元收购 29 寸彩电，拆开后发现了什么，让他如此兴奋”。

一个短视频标题，可以同时用多个技巧。用到的技巧越多，短视频的点击率就可能越高。当然，前提是文题相符，不可做“标题党”。

（二）正文叙事技巧

短视频功能很多，包括知识科普、剧情分享、主播带货、品牌营销等。不同功能的短视频，叙事方法不太一样。

1. 知识科普类短视频的叙事方法

对于知识科普类短视频的叙事，在相对复杂的情况下，通常包括以下三个序列：

首先，提出所要科普的问题，并讨论这一问题的意义；

其次，对所提出的问题进行分析，可能需要罗列证据、提供调查结果，也可能需要进行一定的逻辑推理或深入分析；

最后，得出结论、说明意义，或提出建议。

2. 剧情分享类短视频的叙事方法

对于剧情分享类短视频的叙事，在相对复杂的情况下，通常包括四个序列，即起承转合：

起是开端。主角出场，并呈现基本的故事背景。

承是承接。通过若干个场景逐一展开，为冲突做铺垫。

转是冲突。主角被迫面对或主动承担冲突。

合是结局。主角解决问题的办法，并呈现最终的结果。

3. 主播带货类短视频的叙事方法

对于带货类短视频的叙事，在相对复杂的情况下，通常包括以下四个序列：

首先，受众在某个场景遇到一些问题，解决不了，产生痛苦；

其次，我有某个产品可以解决此类问题；

再次，介绍这个产品的优势、解决前面问题的方法，以及解决后的喜悦感觉；

最后，购买途径以及限时购买优惠。

4. 品牌营销类短视频的叙事方法

对于品牌营销类短视频的叙事，在相对复杂的情况下，通常包括以下三个序列：

首先，当今世界存在哪类问题，这类问题一直没有解决好；

其次，某个品牌横空出世，似乎是为了解决这个问题而诞生，阐述这个品牌的使命、愿景和价值观；

最后，这个品牌正在改变世界，或因成功解决某类问题而让世界变得更美好。

5. 励志人生类短视频的叙事方法

对于励志人生类短视频，在相对复杂的情况下，通常有以下四类叙事模式：

一类是征服难题。比如，淘宝声称解决了创业的难题——就业、网店等。

二类是白手起家。比如，任正非背负巨大债务被辞退，在深圳一步步崛起；董明珠由格力电器的销售员，成长为格力掌门人。

三类是矢志不移。比如，百度追求“持续创新，用科技让复杂世界更简单”，阿里追求“让天下没有难做的生意”，并将其作为公司的使命。

四类是绝地重生。比如，乔布斯被苹果解雇，回来后却让苹果比以前更强大。

由于短视频“短”的特征，所以上述叙事方法都是在“相对复杂”情况下的叙事模式。多数情况下，可能会对其进行浓缩精简。或者将其中的“序列”降一个层次，变成“场景”。如果确实要讲述一个较为复杂的故事，那么，可以将整个故事切分为若干个短视频系列。此时，除了参照上面的叙事结构外，还要注意各集短视频之间的衔接以及悬念的制造。

二、短视频脚本写作模板

脚本是一种功能性文本，是指导视频创作者拍摄剪辑的指导性文本。写脚本不需要文采飞扬，只需要情节精彩，条理通顺。短视频脚本写作模板主要包括两种，一种是分幕式短视频脚本，另一种是分镜头脚本。分镜头脚本是拍摄用的。

（一）分幕式短视频脚本

普了个道之公司要换老板了？

演员：小菜、刘财务、老板

道具：无

场景：小菜、刘财务办公室，老板办公室

第一幕

小菜在老板办公室汇报工作。

小菜：王总，这些都是要签字的文件，您过目一下。

老板（翻看文件）：嗯（突然抬头），小菜啊，你知不知道个体户怎么变更经营人啊？

小菜（疑惑）：啊？（犹豫）我……不太清楚，（脱口而出）王总，您问这个干什么，我们公司要换老板了吗？

老板（皱眉，不满意）：行了，做好自己的事情，不要总关注其他，你去把刘财务喊来。

第二幕

小菜回到自己办公室。

小菜：刘财务，老板喊你过去。

刘财务（心想：难道我合同条款出错了？）：什么事啊？

小菜：不知道啊，（突然左右看看，凑近刘财务）我们公司可能要换老板了。

刘财务疑惑加震惊。

第三幕

老板：小刘，你知不知道个体户怎么变更经营者？

刘财务：向登记机关申请办理变更登记就行了，如果是变更经营者，新的经营者在办理注销登记后，重新申请办理注册登记；如果是家庭经营个体户，家庭内部变更的，按规定办理变更手续就行。

老板：好，我知道了。

刘财务（小心翼翼）：王总，我们公司要变更经营者了？

老板：唉，公司登记的经营者是老板娘，大大小小的账全都过她的账号，我连私房钱都不敢花了。

刘财务（心领神会）：哦～

（二）分镜头脚本

表 9-1 所示为一个分镜头脚本的例子。

表 9-1　分镜头脚本举例

分镜脚本						
场次	镜号	画面描述	镜头	景别	台词 / 声音	时长
1	1	管家在工位上睡着，进入梦乡	正面固定	全景		3s
	2	（梦境） 灯光昏暗，几个玩家愤怒地站在管家桌前	俯视摇晃	中景	玩家 A：掉帧那么严重，你们怎么还不优化？	3s
	3	（梦境） 玩家 B 拍桌子	俯视摇晃	近景	玩家 B：外挂这么多，怎么不管管？	3s
	4	（梦境） 玩家 C 指着电脑	俯视摇晃	中景	玩家 C：秘境系统体验感太差了，你们不能多测试测试？	3s
2	1	管家从梦中惊醒，惊魂未定	侧面固定	近景		3s
	2	策划从对面过来，关切地问	正面固定	近景	策划：××，你怎么啦	3s
	3	管家心有余悸	俯视固定	近景	管家：我梦到玩家们来找我了	3s
	4	策划被吓到，小声说	正面固定	中景	策划：我昨天也梦到了，吓得我马上起来改 bug。	3s
	5	管家有点好奇	俯视固定	中景	管家：是吗？那你改得怎么样了？	3s
	6	策划凑近回答	侧面固定	全景	策划：我把掉帧的问题优化了，封了一堆开外挂的，还把新地图又测试了几遍	3s
	7	管家惊讶地说	正面固定	近景	管家：你一个晚上能改这么好？	3s
	8	策划抚着胸口	侧面跟随	全景	策划：那可不，我昨天晚上吓坏了。	3s
	9	此时老板站在暗处，关注着这一切，并露出意味深长的笑容	正面固定	近景		3s
	10	老板手上拿着一个神秘的盒子，上面写着“让员工高效工作的法宝”	正面摇镜头	特写		3s

课堂讨论

设定主题：“一分钟内讲述一个励志故事”，以小组为单位，开展讨论。限定 30 分钟，完成脚本创作。要求创意新颖，故事完整。

三、视频封面选择的方法

（一）悬念封面

一位创作者分享了一个女孩在公园中玩浮垫的场景。女孩需要快速奔跑通过每一块浮垫才能跑到对面，也就意味着胜利。反之，如果奔跑途中出现失误则会掉入水中，变成落汤鸡。

这则视频的封面选取了女孩快速冲向浮垫的画面，搭配“最后落水了吗”的疑问，形成标准的悬念封面，短短几小时播放量就超过 100 万。

（二）效果封面

效果封面是经过加工、美化、创作等过程呈现出来的最美、最吸引人、最好的画面。这样的画面让人眼前一亮、赏心悦目。比如，美食节目、绘画、手工节目短视频的封面选取。

（三）猎奇封面

探索新奇事物，满足好奇心。旅行、三农等短视频常用猎奇封面。比如，一位创作者去海岛旅行，第一次见到如脸盆大的当地海虾，随即采用自己双手捧着海虾的画面作为封面，起到夺人眼球的作用。

（四）故事封面

通过“图片 + 文字”的形式，瞬间调动用户的情绪、心理或者精神上的共鸣等。讲述角度往往以第一人称诉说亲身遭遇为主，容易让人信服，也容易产生极强的感染力。如一位创作者，他的本职工作是跑运输，平时与妻子在全国各地奔波。他拍摄短视频的初衷就是记录分享平时的工作。有一次，他发了一条短视频，封面是妻子躺在货车后座上睡着了。他在封面上写道：“媳妇，上高速了，你来开吧，我实在困得不行了，还有 100 多公里就到了！”这则短视频获得了众多用户的好评。这是典型的“图片 + 文字”的故事封面，通过场景化的片段记录，向用户传递了在外奋斗不易的感受，让同样在外奋斗的用户感同身受。

四、短视频制作的误区

（一）不准备脚本，跟着感觉走

每一条短视频都有一个表达核心。在创作短视频时，只需要抓住核心的一件事去讲述就可以。另外，讲述风格要前后一致。所以，在拍摄之前，我们要进行整体策划和细致讨论，写好拍摄脚本，反复演练。

（二）后期添加太多特效

有些人误认为，后期添加的特效越多，短视频会越受用户喜爱。其实不然。恰如其分表达出视频的核心内容才是关键。对于短视频创作者而言，在刚开始的创作中，首先要考虑如何讲好故事，然后再考虑如何通过后期剪辑，保持故事的完整性和连贯性。剪辑技术服务内容，根据内容需要，适当剪辑即可。

（三）无视各种剪辑软件的 Logo、水印、二维码等标识

很多创作者辛苦几个小时制作的视频内容上传到平台屡屡无法审核通过，或者上传

之后没有播放量，有时候还会被下架，其主要原因是无视作品中携带的剪辑软件 Logo、水印、二维码等标识，造成内容审核时出现问题，继而导致作品无法通过审核等。

所以，在创作剪辑时，我们要先查阅创作平台上的用户管理手册以及内容规定细则。

课后练习

如果要做一个弘扬社会主义先进文化主题的短视频，你将从哪些角度进行创意？请列出思维导图。

综合训练

1. 提炼总结题。

请下载中国网络视听节目服务协会发布的《网络短视频平台管理规范》和《网络短视频内容审核标准细则》，总结网络短视频制作原则。

2. 写作实训题。

（1）请以短视频的形式宣传你的学校、专业、班级或者其他你感兴趣的事情，发布在抖音、快手、微信或者其他短视频平台皆可。

（2）请参考分幕式短视频脚本制作模板，撰写短视频脚本。主题：弘扬当地优秀传统文化。选择其中 1 ～ 2 个场次，写成分镜头脚本。

参考文献

著作（教材）

［1］葛红兵．创意写作学理论［M］．北京：高等教育出版社，2020.

［2］丁伯慧．创意写作思维训练［M］．北京：中国人民大学出版社，2022.

［3］朱家安．文案觉醒：激活新媒体人内容创作的本能［M］．北京：机械工业出版社，2018.

［4］谭静．新媒体营销运营实战 208 招［M］．北京：人民邮电出版社，2018.

［5］秋叶．新媒体写作平台策划与运营［M］．北京：人民邮电出版社，2017.

［6］吴晨光．自媒体编辑之道［M］．北京：中国人民大学出版社，2018.

［7］格雷姆·哈珀．渴望写作：创意写作的五把钥匙．北京：中国人民大学出版社，2022.

论文

［1］葛红兵．创意写作：作为一种教学方法［J］．语文建设，2020（11）.

［2］许道军．“作家如何被培养”：作为教学法的创意写作工作坊探讨［J］．华东师范大学学报（哲学社会科学版），2020，52（2）.

［3］贾雪苓．新媒体时代微信新闻的写作特征［J］．青年记者，2016（32）.

［4］林卓君，冯海兵．短视频节目内容策划与实现策略研究：以西部网“五味什字”视频工作室为例［J］．东南传播，2019（9）.

［5］马雅暄．MCN 模式下短视频信息流广告脚本的程式化研究［J］．新媒体研究，2020（12）.

［6］许峰．故事写作教学中的模型运用与创意激发［J］．广西科技师范学院学报，2017，32（2）.

图书在版编目（CIP）数据

新媒体文案写作与编辑 / 陈倩倩主编. -- 3版. -- 北京：中国人民大学出版社，2025.1
21世纪技能创新型人才培养系列教材. 新媒体系列
ISBN 978-7-300-32252-0

Ⅰ.①新… Ⅱ.①陈… Ⅲ.①传播媒介—文书—写作—教材②传播媒介—文书—编辑—教材 Ⅳ.①G206.2

中国国家版本馆CIP数据核字（2023）第194650号

21 世纪技能创新型人才培养系列教材 · 新媒体系列
新媒体文案写作与编辑（第三版）
主　编　陈倩倩
Xinmeiti Wen'an Xiezuo yu Bianji

出版发行	中国人民大学出版社		
社　　址	北京中关村大街 31 号	**邮政编码**	100080
电　　话	010-62511242（总编室）		010-62511770（质管部）
	010-82501766（邮购部）		010-62514148（门市部）
	010-62515195（发行公司）		010-62515275（盗版举报）
网　　址	http：//www.crup.com.cn		
经　　销	新华书店		
印　　刷	天津鑫丰华印务有限公司	**版　　次**	2019 年 1 月第 1 版
开　　本	787 mm × 1092 mm　1/16		2025 年 1 月第 3 版
印　　张	12.5	**印　　次**	2025 年 1 月第 1 次印刷
字　　数	288 000	**定　　价**	39.00 元
